Arthur Delwein

Die Erbsünde

Arthur Delwein

Die Erbsünde

ISBN/EAN: 9783743341340

Hergestellt in Europa, USA, Kanada, Australien, Japan

Cover: Foto ©ninafisch / pixelio.de

Manufactured and distributed by brebook publishing software (www.brebook.com)

Arthur Delwein

Die Erbsünde

Die Erbsünde.

Ein Mysterium
in drei Abtheilungen.

Von

Arthur Oelwein.

Wien.
Verlag von Carl Konegen.
1897.

Zur Einleitung.

Das vorliegende »Mysterium« enthält viel Befremdendes. Abgesehen davon, daß die vorgeführten biblischen Personen nur in einem äußeren Zusammenhange mit der Ueberlieferung stehen, wurde die Idee des Monotheismus fallen gelassen und in Uebereinstimmung mit den ersten Völkern die Idee der Vielgötterei als die erste, weil den ersten Naturmenschen naheliegendste, aufgenommen. Es entsprach gewiß dem Charakter der ersten Menschen, anzunehmen, daß jedes Naturereignis einer anderen leitenden Hand zuzuschreiben sei, daß sie den Hain, die Wälder und Blumen mit göttlichen Wesen bevölkerten, welchen ein besonderer Schutz in abgegrenztem Reiche obliegt. Und umsomehr muß dies bei den ersten Keimen des Menschengeschlechtes angenommen werden, welche noch kein Volk bildeten.

Ferner treten außer den »ersten« Menschen der Bibel noch eine Reihe von anderen Personen auf, deren Reden davon zeugen, daß sie selbst ihre Abstammung auf ein noch älteres Geschlecht zurückführen. Nimmt man aber bei Pflanzen und Thieren nicht an, daß sich dieselben, von einem einzigen Punkte der Erde ausgehend, erst weiter verbreitet haben, sondern originär auf der ganzen Erde auftauchten — warum sollte man dies von den Menschen annehmen? Die anfängliche Isolirtheit Adams und Evas ist eine durchaus zufällige.

Wenn die Personen des »Mysteriums« für erste Naturmenschen geistig zu hoch entwickelt erscheinen, so muß dies dem Charakter des Stückes zugute gehalten, und müssen mit Rücksicht auf den Tenor desselben der Poesie die weitgehendsten Concessionen gemacht werden.

Die Idee der Erbsünde wird als ein Gedankenproduct dargestellt, welches in einem Menschen entstehen mußte, der fähig ist, in die Tiefen des eigenen Ichs hinabzusteigen, und für den der Gegensatz zwischen der Milde und Güte der Götter und dem Tode, der auch den Unschuldigsten schließlich ereilt, schreiend das Bedürfnis erheischt, diesen Mißklang durch eine Erklärung, die zum Glaubensgrundsatz wird, auszugleichen.

Der Träger dieser Idee ist Kain, die allegorische Darstellung der ungebändigten Naturkraft, welche, solange sie frei und in Selbstherrlichkeit vorwärts schreitet, das Größte zu schaffen im Stande ist, die aber durch Einflüsse, welche deutlich ihre Abhängigkeit von einer anderen Gewalt zeigen, sozusagen aus dem Sattel gehoben wird und dann haltlos und schwankend herumirrt, einem entthronten Könige vergleichbar, der bemüht ist, angesichts der rauchenden Trümmer seines Thrones sein geistiges Königthum zu erhalten, und der in der Erhabenheit einer gefallenen Größe ein Königthum der Entsagung aufrichtet.

Kain ist hart und sein Gemüth ist verdüstert. Die Stelle, die er als Zweitgeborener in der Familie einnimmt, erscheint ihm ein Hemmnis für seine Thatkraft, das Wort »Erbe« ist ihm verhaßt, denn es bedeutet für ihn die einstige Oberhoheit seines älteren Bruders Abel, in letzter Linie seine eigene Oberhoheit über seinen einstigen Sohn, für den ihm ein dem seinen ähnliches Schicksal vorschwebt. »D'rum hass' ich mich, weil ich ein Erbe bin«, ruft er aus und denkt dabei an die in das noch Ungewisse greifenden Folgen seiner eigenen Erbschaft.

So wie Abel der wahre Sohn seines grübelnden Vaters ist, in dem das väterliche Blut mit der einst thatenfrohen Kraft seiner Mutter Eva einen auf das Erforschen alles Räthselhaften gerichteten Drang, der jedoch das als wahr Erkannte mit wildem Fanatismus zum Heilgrundsatz anerkannt wissen will, erzeugt hat, hat Kain vorwiegend seine Mutter beerbt, dieses Erbe in einer, seiner düsteren Stimmung entsprechenden Weise ausgebildet; aber, wie seine Kraft erschüttert ist, meldet sich mächtig der in ihm wohnende väterliche Geist, der, nur vom nicht vergeßbaren mütterlichen Erbe gestützt, im

Stande ist, sich von den drohenden Schatten der Verzweiflung mit einem Rest von Kraft zurückzuhalten, und, wie einmal diese Krisis überschritten ist, durch seine gesunde und tiefe Wurzel einen, wenn auch veränderten starken Charakter aus der Nacht der Seelenkämpfe sich zum Lichte des Tages ringen läßt. Als Adam in Gemeinschaft mit seinem Sohne Abel, der ihn treibt und drängt, die Arbeit seines Lebens dadurch krönt, daß er als unumstößlichen Grundsatz das Dasein der »unsichtbaren Gewalten« verkündet und beschließt, zum sichtbaren Zeichen für kommende Geschlechter ihnen ein Mal zu setzen, stemmt sich Kain mit der wilden Energie eines mittel= alterlichen Freibauern, der sich einer hemmenden Ober= herrschaft nicht unterwinden will, dagegen. Seine Seele ahnt die finstere Lösung des Daseinsräthsels, die am Schlusse des Stückes der »Wanderer«, die Personification von Adams Verstand, in die jagenden Nachtwolken ruft, und er will das, was er ahnt, in verschwiegener Nacht vor dem Male Adams und Abels dem letzteren als Entgegnung auf seine von fanatischer und gefährlicher Gluth verzehrten Gedanken gegenüberhalten. Aber der aufsteigende Groll gegen den gehaßten Abel, der Zorn über die sich plötzlich eröffnende Aussicht eines verfolgenden Gedanken= zwanges und die Erscheinung des »Wanderers«, der mit gebietender Geberde die verzweiflungsvolle Wahr= heit dem grübelnden Adam allein aufzusparen befiehlt, läßt seine Gedanken versiegen, und die plötz=

liche Leere seines Gehirnes erzeugt eine Spannung der körperlichen Kraft, die sich im Todesstreich für Abel entladet.

Nun sprechen dem von dem Fluche der Mutter und seiner That Getroffenen die Stimmen des Innern vom Dasein der Götter, aber furchtbarer, ohne Wahl nach eigener Lust zerstörender Götter. Aber das Weib an seiner Seite, die sinnliche, liebende Erda, die über die väterliche Leiche hinweg dem Naturtriebe zu Kain gefolgt ist, führt ihn unmerklich und läutert ihn und sein Denken. Aus der offenbaren Milde und Güte der Götter ersteht in dem schrecklichen Geschehnis eine Strafe für das Menschengeschlecht, deren Grund, auf Ahnenschultern ruhend, ein unerhörter sein muß, wenn anders die Beleidigung der Götter ihre Milde verfinstern konnte.

So erhebt sich ihm im Gange der Welt die Erb=schuld, die Erbsünde. — Sie keimt aus dem Gegen=satze, den die ersten göttergleichen Menschen zwischen ihrem göttlichen Verstand und dem neidischen Gefühl des Geschaffenseins und Abhängigseins verspüren, welcher Gegensatz schattend das menschliche Gefühl in den Göttermenschen verfinstert, das sich empört und eine unerhörte That der Ueberhebung erzeugt. Der Schatten wird von den strafenden Göttern in den strafenden Tod verwandelt und die Menschen den übrigen Naturwesen gleichgestellt, die mit dem Leben auch den Tod empfangen. Aber eine Sühne ist für jeden Menschen allein möglich, zwar nicht mehr für den Körper — der ist der Natur verfallen — aber für den Geist, der sich nach dem Tode wieder göttergleich erheben kann. Der heilsame Einfluß dieser Sühne bethätigt sich auch an Kain, der nach derselben Lasten von seinen Schultern sinken fühlt und mit Weib und Kind heimkehrt, um seine Gedanken Allen mitzutheilen.

Aber die Frauen sind alt und stumpf geworden, und Adam, dessen Lebensarbeit der Tod Abels zertrümmert hat, ist einer idealen Weltanschauung nicht mehr fähig; für ihn bedeutet die Erbsünde nur mehr den unsühnbaren Verderbenslauf des Blutes von Geschlecht zu Geschlecht, und durch den Mund des »Wanderers« verkündet er die verzweiflungsvolle Entsagung des Menschen, der an Stelle der milden Götter die wesenlose, unnahbare, faustische »Kraft« setzen muß. Die Ewigkeit setzt sich aus einer Reihe für sich wieder vollständig von der Welt verschwindender Existenzen zusammen, die in ihrer Gesammtheit und durch die Reihenfolge ihres Entstehens wohl ewig, aber selbst nur immer Vorstufen für eine spätere Entwicklung sind. Hiefür ist das Symbol der Gedanke der Seelenwanderung.

Diese Lösung, die ihm bisher verschleiert war, wird nun dem Adam offenbar, während sie sich dem Kain durch die »süße Täuschung des Lebens«, in der er nun wandelt, verschleiert. Erda, die am Leben hängende, lehrt ihn diese erkennen; sie umgibt das Leben mit der »süßen Täuschung« ihrer subjectiven

Weltanschauung, in der ja die heutigen Menschen leben, und welche Kain soweit mitreißt, daß es ihm nun möglich ist, die tobsenbenden Götter im Lichte der Milde zu erblicken, Abels jähen Tod als einen Ausfluß dieser Milde ansehen muß und die Kluft zwischen dieser und dem erfahrenen Zorn durch die Idee der Erbsünde überbrücken kann.

Alle auftretenden Personen sind auch Symbole: Adam repräsentirt das unbefriedigte menschliche Gefühl, das grübelt und sucht, die geahnte, aber nicht zum Bewußtsein kommende Lösung des Lebensräthsels durch das Anklammern an höhere Gewalten zu bekämpfen; der Wanderer ist Adams Folie, der Verstand, der alle diese Versuche in das fürchterliche Nichts des Todes zurückschleudert. — Eva bedeutet die fruchtbringende Kraft der Erde, die aus den Wirren des Chaos langsam zu einer stäten, segenbringenden Gewalt emporgewachsen ist, aber, ihres Lebenskeimes beraubt, in die furcht= baren Oeden des Anfanges zurückzusinken droht. — Abel ist der Fanatismus des Glaubens, der durch Gewalt das Denken Adams zu befestigen trachtet, während Gea, das fruchtlose Sehnen des Menschen= geschlechtes nach einer niemals kommenden Erlösung, wie ein sich verzehrender Schatten durch den Gang der Ereignisse wandelt. — Jethro bedeutet die blinde Liebe: Erda jedoch die niemals sterbende, ewige Lust des Menschen zum Leben, den Willen zum Leben, der, selbst eine Täuschung, Andere durch seinen hoffnungs= reichen Glanz nach sich zieht, und, indem Kain nach der Verkündigung der These der Erbsünde taumelnd in ihre Arme sinkt, geht die des dunklen Lebensendes bewußte Naturkraft mit der Selbsttäuschung des Lebenswillens in Eins auf.

So tritt Kain unbewußt in die Fußstapfen Adams und Abels und zieht das neue kommende Geschlecht mit sich, während die Wahrheit ungehört in den Lüften verhallt und die Tragik eines ewigen Irrthums ihren Schatten auf die künftige Menschheit wirft.

I. Abtheilung:

Abel und Kain.

Auftretende Personen:

Adam.
Eva.
Abel ⎫
Kain ⎬ beider Söhne.
Jethro, Adams und Evas Tochter und Abels Gattin.
Gea ⎫
Erda ⎬ Abels und Jethros Töchter.
Ein Wanderer.

I. Scene.

Weite, nach rückwärts offene Gegend mit einer unbegrenzten Fernsicht auf's Flachland. — Durch eine fruchtbare Ebene schlängelt sich ein breiter Strom, auf dem der Glanz einer späten Nachmittagssonne ruht. Links vorne aufsteigende, felsige Gegend, davor Adams Hütte. Dieselbe ist groß, geräumig, aus Felsblöcken, Baumstämmen und Schilf errichtet; Thierfelle hängen in der Thüre und vor den Fensteröffnungen. Ein satter Sonnenglanz liegt auf der ganzen Gegend. — Bei leerer Scene hört man aus der Ferne das gedämpft klingende Spiel auf einer Hirtenflöte. —

Aus der Thüre der Hütte treten Erda und Gea. Sie halten sich umschlungen. — Erda ist klein und zart mit großen Augen, Gea groß, stark, mit wallenden Haaren und mächtigen Geberden.

Erda (starrt erschreckt auf den Himmel).
 Sahst Du die Sonne?!
Gea.   Jeden Tag, mein Kind.
Erda. Doch nicht wie heute. Ungeheuer groß
 Erscheint sie mir und drohend blickt sie nieder.
Gea. Gewöhnlich ist ihr Anblick und ihr Glanz.
Erda (beklommen).
 Sie glänzte heute morgens nicht so hell.
Gea. Sie leuchtet schon in ihrer Schlummerfarbe.
Erda (lächelnd).
 Wie Du, — wenn Du, vom Schlummer überwältigt,
 Dein Antlitz in die weißen Arme schmiegst,
 Von einem süßen, wonn'gen Traum umfangen!

Gea (eifrig).
  Jawohl, wie ich dem Wolf, dem Herdenräuber,
  Mit schweren Stein den Schädel arg zerschlug —
Erda. Das mein' ich nicht — —
Gea.   Er heulte auf und floh.
  Im Traume glüht' ich, denn mir wurde heiß.
Erda. Das mein' ich nicht — —
Gea.   Was nennst Du wonnige Träume?
Erda. Ich kann's nicht nennen: es begegnet mir
  Am Tage nie vor meinen off'nen Augen.
Gea. Wie kannst Du träumen was Du nie erlebt?
Erda. Du träumst von dem nur, was der Tag Dir bietet?
Gea. (nickt.)
  Von Kraft der Arme und von sich'rer Hand.
Erda. Und freut es Dich?
Gea.   Bei Nacht so wie am Tage.
Erda (den Kopf schüttelnd).
  So kenn' ich's nicht. — Ja doch, — in früh'rer Zeit,
  Da träumte ich von uns'ren Kinderspielen,
  Vom Laufen, Klettern und vom Blumenpflücken,
  Da sah bei Nacht ich auch die hellen Farben.
  Nun ist mein Aug' verschlossen, wenn ich träume.
Gea (erstaunt).
  Das kann nicht sein — —
Erda.   Willst Du mich hören, Schwester?
  Ich sag' es Dir, denn lang schon ängstigt's mich.
  (Sie zieht Gea auf eine Rasenbank, beide setzen sich.)
Gea. Wie träumst Du, sprich?
Erda. (ängstlich.)
            Ich sehe nichts, ich fühle. —
  Ich spür', wie meine Augen fest sich schließen
  Und hüte mich, sie leise aufzuschlagen,
  Damit ich nichts erblicke.
Gea.   Räthselhaft!

Erda. Ich drück' die Lider immer fester zu,
Damit kein Spalt die Außenwelt mir zeige.
Dann fühl' ich mich gehoben und getragen,
Weißt Du, wie damals, als wir von den Zweigen
Des alten Baumes nur an schwachen Seilen
Uns in die Höhe schwangen auf und nieder.
Dann mein' ich, daß mein Inn'res sich verwandelt,
Daß eine And're Wohnung hat in mir,
Die mir das Herz mit weicher Wange koset;
Spreiz' ich die Finger, fasse ich ihr Haar,
Fühl ihres warmen Körpers sanfte Rundung. —
Dann schnürt's den Hals mir zu, — — doch
nicht erschreckend
Ist dieser Schmerz, ich möcht' ihn stündlich leiden
Und gern empfind' ich seine Seligkeit.

Gea (erschreckt).
Wie scheinst Du mir?! — Du redest Unfaßbares!

Erda (faßt zitternd nach Geas Hand).
Dann, wie die Wellen dort im hellen Strom
In sanftem Spiele ineinanderfließen,
Vergeh' ich in der lieblichen Berührung
Und weiß von nichts mehr, als von einem Glück.

Gea. Was ist dies Glück?

Erda.   Ein süßes Rückerinnern
Und freud'ges Beben vor der nächsten Nacht.
(geheimnisvoll flüsternd)
Weißt Du, —: ich hab's versucht mir vorzustellen
Das liebe Antlitz, das mich nächtlings kost.
Schließ' ich die Augen, mein' ich es zu schauen:
Blau wie der Himmel, lächelnd wie der Morgen,
Gewitterblitz sein Auge, wenn es zürnt,
Sein Mund wie Früchte, die der Herbst uns bietet;
Der Nacken wie der Baum aus unsren Wäldern,

In kräft'gen Locken ringelt sich das Haar
Auf diesem Nacken — — —
(Sie lehnt schluchzend ihr Antlitz auf Gea's Schultern.)
Gea. Schwester, — liebe Schwester!
Ich weiß nicht, soll ich schelten oder fürchten?
Erda. O, laß mich weinen! —
Gea. Trockne deine Thränen;
Schau auf und blicke mir in's Angesicht.
(Erda sieht sie an.)
Dein Aug' ist ängstlich; nur in dieser Ecke
(Sie deutet auf Erda's Auge)
Sitzt lächelnd ein geheimnißvoller Schimmer
Von Deinem Glück.
(Sie sieht sie lange an.)
Mir ist es fremd, Dein Glück!
Erda. Es ist in mir.
(Sie bringt ihr Gesicht an Gea's Brust.)
Gea. Verweile nicht im Traum.
Erlöse Dich aus nächtiger Umarmung. —
Geh mit zur Jagd, — lauf Dir die Füße müd,
Erfaß Dir schwere Steine zum Gewaffen
Und wirf mit mir nach räuberischem Ziel.
Die Arme reck' in kräftigem Beginnen,
Das Dir die Brust erweitert und das Herz;
Mit vollen Lungen saug die kräft'gen Lüfte,
Die um uns wehen. — Ist Dein Tagewerk
Wie mein's verlaufen, leg' Dich ruhig hin:
Du wirst von keinem Schattenwesen träumen.
Erda. Wie leer die Nacht! —
Gea. Der Tag um Vieles reicher!
Der Tag ist Dein, die Nacht gehört Dir nicht;
Denn ruhen müssen Deine müden Glieder.
Sie können's nicht, wenn Du ihr Blut bewegst,
Vom Sitz des Lebens aus die Ruhe störend.

„Die Erbsünde."

(Sie breitet die Arme aus.)
Hier ist Dein Tag und hier allein Dein Leben!
Erda. (blickt in den Himmel; plötzlich springt sie auf und starrt erschreckt nach oben.)
O Schwester, Schwester, — sieh: wie roth, wie drohend!
Gea (steht auf).
Damit Du nicht erblickest was nicht ist,
Wend' ich Dein Köpfchen.
(Sie wendet Erdas Kopf ab.)
Erda. Ach! —
Gea. That ich Dir weh?
Erda. O nein; ich bitte: Drücke kräftig zu,
Es mahnt mich an — —,
nein, nein, ich will's nicht denken.
Gea. Nun schau um Dich.
Erda. Ich muß zum Himmel blicken!
Nun blick' ich ruhig. — Schau mit mir hinauf.
(Sie schüttelt plötzlich den Kopf; erstaunt und erschreckt.)
Ein Männerantlitz!
Gea. Wo?
Erda (zeigt hinauf). Dort oben ist's.
Gea (unwillig). Die Sonne!
Erda. Ja; — nun hat es sich bewegt.
Es lächelt — —
Gea. Was?
Erda. Das Antlitz lächelt mir.
(Sehr bewegt.)
Es wirft sein Auge Blitze auf mich nieder.
Da ist der Mund, — da sind die starken Brauen.
(Immer ängstlicher).
Ich seh' den Nacken, — dunkle Locken legen
Sich leis darauf, sie wallen vor und malen
So bange Schatten auf der hohen Stirn' — —
(Sie streckt die Arme zur Höhe.)

Gea (schreit plötzlich gellend)
  Kain! —
Erda (zuckt zusammen; nach einer Pause, wie aus einem
  Traume erwachend, mit starren Augen, ausdruckslos):
    Kain?!
Gea (drohend). Der Traum, der in der Nacht Dich köste!
Erda (bang). War Kain?! —
Gea (bitter).   Nun löst' ich das geheime Räthsel.
Erda (unruhig und ängstlich).
  Wie kannst Du wissen was ich selbst nicht wußte?
Gea. Frag nicht so thöricht! Suche nicht zu decken
  Mit trügerischer Angst in Deinen Augen
  Was Dich bei Tag bewegte und bei Nacht
  Als hoffnungsvolles Bildnis stets umwehte.
  Du hast's gewußt! —
Erda (jammernd).   Ich hab' es nicht gewußt!
Gea. So weißt Du's jetzt. —
Erda (schweigt und erröthet).
Gea (fassungslos, reißt Erda an den Armen vor sich
  auf die Kniee).
        Dann höre: Mein ist Kain!
Erda (an der Erde vor Gea auf den Knieen liegend).
  Dein ist? — — Dein ist —? —
Gea (wild).   Mißgönnest Du ihn mir?!
Erda (sucht sich aufzurichten).
  Wer gab ihn Dir? — Wer, — Schwester —
  gab ihn Dir?!
Gea. Mir gab ihn Adam und die Erstgeburt.
Erda (ruft). Und hat mich nicht gefragt?!
Gea (höhnisch).   Wie sollte er? —
  Frägt Adam seine Söhne nicht, wie sollte
  Er seine Enkel fragen und — warum
      (mit blitzenden Augen).
  Gerade .Dich?

Erda. Weil ich — — —
(Sie erhebt sich und verstummt.)
Gea (wild). Ihn Dir begehrst!
Erda (glühend, ihr gegenüberstehend).
Und wenn ich's thue! — Kannst Du es mir halten
Entgegen als ein abscheuwürd'ges Bild?
Erinn're Dich an Deine eig'nen Worte:
Du hast gesagt: ich solle meine Augen
Auf diese Welt im Sonnenscheine richten,
Ich habe eine Arbeit zu verrichten,
Ausfüllen soll' ich den gegeb'nen Platz
Und nicht in's Reich der Träume mich versenken.
Ich sah nicht rechts, noch links; nur in mein Inn'res
Verschloß ich bang was ängstlich mich bewegte,
Weil ich nicht wußte, was mich sehnend rief. —
Nun ist der Traum zerronnen, den ich träumte;
Aus seinen Schatten blüht die Wirklichkeit.
Nun wend' ich mich von seiner nächt'gen Stille
Und schreite fest auf meinen beiden Füßen
Dem Ziele zu, das mir der Tag gezeiget.
Gea. Arglistige! —
Erda. Du selbst erwecktest mich
Mit Deinem Ruf. — Ich ging in dunklem Wald
Verirrt; nur leise fühlte ich des Herzens Ahnen,
Das mir das heim'sche Wasser zeigen sollte.
Du trat'st an meine Seite, führtest mich,
Mit starken Händen schlugest Du die Zweige,
Die mir den Weg verhüllten, auf die Seite,:
Du zeigtest mir den Strom, den ich gesucht;
Nun steh' ich an den Ufern meiner Heimath.
Hast Du gezeigt, um wieder zu verbergen?
Hast Du geweckt, um wieder einzuschläfern?
Mein unbewußtes Ahnen ist erfüllt,
Nun will ich schaukeln auf den weichen Wogen
Des lang ersehnten, lang gesuchten Stroms!

Gea. Woher der Muth, mit dem Du dreist begehrst,
Was ich sogar nicht auszusprechen wagte?
Was riß Dich aus der jüngsten Kinderzeit,
Was löste, Scheue, — Dir die schwere Zunge?
Erda. So muß ich sprechen, weil's da drinnen ruft:
So muß es sein! —
Gea. Das schoß in einer Nacht
Mit üpp'gen Ranken auf und will ersticken
Die Blüthe, die nach jahrelanger Pflege
Zum erstenmal das Haupt zur Sonne hob.
Solch' üppiges Gedeihen ist verderblich!
Aus einem Kind ein liebeheischend Weib!
Das konnte nicht in Dir verborgen schlummern
Und Bahn sich brechen wie ein Wetterschwall.
(Schnell.)
Wer gab die Kunde Dir?
Erda. Wer gab sie Dir?
Gea. Der Vater und die Mutter. —
Erda. So also sprachest
Und thatest Du was diese Beiden fühlen,
Indeß Dein eig'ner Geist gebunden liegt?
Gea (verwirrt und erröthend).
Die lösten ihn — —
Erda. Ich aber lös' mich selbst.
Gea. Du steigest ungeleitet auf den Gipfel
Des schroffen Berges, — weh, — Du wirst zerschellen.
Erda (nähertretend).
Wer leitete den Adam zu der Eva?
Gea (schweigt).
Erda. Wo waren deren Eltern, sie zu führen?
Gea. Dies Räthsel weiß auch Adam nicht zu deuten.
Erda. Ich deute es! — Sie leitete der Trieb,
Der mich beflügelt. Oftmals sagtet ihr:
Ich hätte Adams Blut in meinen Adern;
Nun meldet sich sein Blut und ruft mir's zu.

Mein Leiter kam von selbst und ungerufen
Wie bei den Wesen, die uns rings umgeben.
Wer führt die Vögel in ihr warmes Nest,
Wer lehrt der Löwen mächtige Umarmung?
So wie die Palmen dort die schlanken Wipfel
Im stillen Grüßen 'gen einander neigen,
Indeß' sie ahnen ihres Wesens Art:
So neig ich mich als Schwester alles dessen,
Was um uns athmet und die Sonne sieht.

Gea. Verflucht die Sonne, wenn Du Wahrheit sprächest!
Es ist ein Herr gesetzt für diese Welt,
Der unser Leben lenkt nach seinem Willen. —
Was Adam Dir zu sagen mir befahl
In einer trauten, schwesterlichen Stunde,
Ich wollt' es leise flüstern in Dein Ohr,
Den Abschied nehmend von den Kinderspielen,
Die ich mit Dir gespielt. — Dein wilder Sinn
Hat's mir entrissen und Du weißt es schon:
Adam befiehlt, daß ich die Jagd vertausche
Mit Kain und mit der Sorg' um seinen Herd.

Erda (mit erhobenen Armen).
    Adam befiehlt! —
Gea.   Er ist der Herr der Welt! —
Erda. Adam befiehlt!
Gea.   Wir klammern beide uns
An starke Bäume, denn der Sturmwind raset.
Der meine ist der stärk're, denn es fußen
Auf höchstem Recht die Wurzeln seiner Macht,
Langjährige Gewohnheit wird ihn schützen.
Wohl mag Dein Baum die Wipfel grüßend neigen:
Er schwankt und biegt sich und Du fällst mit ihm!

Erda (verstört).
    Wie kann das Recht sein, was das Herz Dir wendet? —
Gea. Die Antwort hole Dir bei Deinem Herrn! —
Erda. Und einem ander'n!

Gea. Wie, — Du wagst zu denken,
Daß wir vor ihm, — wie wilde Löwinnen,
Den Preis, der mein ist, - uns erkämpfen sollen?!
Du willst mich seh'n erröthend steh'n vor ihm,
Weil Du es weißt, wie ich ihn ängstlich scheue,
Wie jäh das Blut mir in die Schläfen steigt,
Wenn ich sein Aug' auf mich gerichtet sehe
Und mir die Antwort stets versagen muß,
Wenn er mich frägt — — und — —
(Plötzlich.) Adam soll entscheiden.
Erda (düster und traurig).
Das that er schon. —
Gea. Gewiß; das that er schon!
(Mit edlem Entschlusse.)
Wohlan: ich will an Adams Herzen rühren
Und Dich ihm zeigen, wie du Dich verzehrst.
Erda (will in überströmendem Gefühl Geas Hände ergreifen).
Gea (abwehrend).
Berühr mich nicht. Ich denke nur der Stunde,
Da Du an meinem Busen eingeschlummert,
Und ich Dein kleines Köpfchen schützend faßte,
Um's zu behüten.
Erda (aufgelöst).
Schwester! —
Gea. Mahn' mich nicht!

(Gea geht gegen den Hintergrund zu, Erda nach links,
woselbst sie, an einen Baum gelehnt, stehen bleibt.
Adam und Abel treten von rechts auf. — Adam ist
groß, imposant mit unruhigen Augen und schnellen Geber=
den, Abel ruhiger in Bewegung, jedoch im Feuer der
Rede von schwärmerischer Begeisterung hingerissen.)
Adam (Abels Hand ergreifend und sie drückend; in
aufgeregter Freude und Begeisterung).

Das Mal, mein Sohn, das Mal! Nun ist gefestigt
Das Menschenwerk, das in den Himmel ragt;
Mehr Dein wie mein soll's uns gemeinsam werden.
Abel Die Frauen kommen, die ich herbeirief.
(Eva und Jethro erscheinen im Hintergrunde, Gea
und Erda schließen sich ihnen an.)
Adam (näher an Abel).
   Für uns're Frauen!
Abel (abweisend).   Nicht für Menschenherzen!
(Mit flammenden Augen nach oben weisend.)
Nur jenen zu genügen!
Adam.   Wohl! —
   (Mit freudigem Lächeln.)
         Und uns!
  (Er blickt im Kreise um sich.)
 Ich ließ Euch rufen — — —
Eva.   Deine Frauen sind
Bereit zu hören.
Adam (sieht sich aufgeregt um).
      Einer fehlet mir.
Abel (zeigt nach rechts).
 Da kommt er schon,: vom Blut der Jagd —
zum Frieden.

(Kain kommt mit schnellen Schritten von rechts, eine
Keule auf den Schultern tragend. Er begrüßt die
anderen durch eine stumme Bewegung, legt die Keule
weg und stützt sich erwartungsvoll auf einen Felsen.
Kain ist viel jünger als Abel, jugendfrisch, dunkellockig,
mit düsterem Blick, stark und mächtigen Körpers. —
Die Frauen sitzen und stehen. Adam sieht sich im
Kreise um, tritt vor, mit einer Bewegung der Hand
Schweigen heischend, sieht nach Abel, der abseits im
Hintergrunde sitzt und beginnt nach einer Pause, in die
Mitte des Kreises tretend).

Adam. Vernehmt ihr Alle! — —
                        Meines Wesens Räthsel
Hab' ich zu klären niemals noch vermocht.
Bin ich geboren aus dem Schoß des Weibes,
Hat mich ein Vater, – wie ich Euch –, gezeugt?
Und wenn es war, — wo such' ich meine Eltern?
Sind sie gezogen in die weite Welt,
Das unverständ'ge Kind zurücke lassend?
Kaum kann ich's glauben, denn dann hätten sie
Niemals des Herzens süßen Drang verspüret,
Ein Kind zu drücken an die Elternbrust,
Mit lach'nden Augen, stolz gehob'nem Sinne
Zu sehen, wie dem armen kleinen Wesen
Im Lauf der Jahre dämmert das Verständnis.
Ist Eva von demselben Stamm wie ich?
Zwei Kinder fanden sich auf grünen Matten:
Wer sie erhielt, wir wissen's beide nicht. —
Ernährte uns der Ziege Muttermilch,
Hat uns der Wolf mit seiner Brut gezogen?
O ew'ges Räthsel, ewig ohne Deutung! —
Dem Knaben, der die Thierwelt um sich sah,
War stets ihr Treiben eine stumme Mahnung.
Da lag der Knabe manche lange Nacht
Und schaute starr in den besternten Himmel
Und dachte immer: Wo mein warmes Nest,
Wo sind die starken Arme, die uns schützen?
Doch friedlich lehnte Eva an mein Herz
Den schönen Kopf und schlief, indeß ich dachte.
Ich war ihr Arm, ich war ihr Schutz und Stütze,
Sie dacht' an keine and're; alle Wucht
Des bangen Denkens mußt' allein ich tragen. —
Nach meinem Ursprung suchte ich vergebens:
Ich mocht' ihn formen nach der weiten Welt,
Die uns umgab, soweit die Blicke reichten,
Ich mocht' ihn bilden nach dem Schrei des Herzens,

Das ihn erkennen wollte als ein Bild,
Das ich aus wirren Träumen mir gesponnen.
Die Nebel zogen und die Wolken floh'n;
Ich rief sie an, die rinnenden Gebilde:
Wart Ihr die Eltern dieses Erdensohn's?!
Sie zogen nur vorüber und zerrannen
Und ober ihnen wölbte sich, wie immer,
Die ungeheu're stille Himmelsgröße,
So unzugänglich für des Menschen Fuß,
So undurchdringlich für des Menschen Auge,
Doch zu durchdringen für des Menschen Geist.
Und wieder rief ich: Eltern, schreitet Ihr
Beschwingten Fußes hinter diesen Mauern,
Habt Ihr behütet Eu're Erdenkinder
Aus großer Ferne still und ungeseh'n?
So floh mein Geist aus ird'schen Möglichkeiten
Nach luft'gen Höh'n, in denen unbekannt,
Weil ungesucht, — vielleicht noch And're walten,
Die menschenähnlich, menschenschaffend sind. — —
Die Jahre zogen, größer ward die Ferne,
Die mich vom Ursprung langsam weggerückt;
Doch mit der Ferne ward die Nähe größer,
Die jenen Ursprung an das Ende schließt
Und schließen mußte, wenn wir, gleich den Wesen,
Die um uns leben, aus der Erde stammten.
Und ich, der irrte, mußte stets mich fragen:
Bin ich der Baum, bin ich der Stein, das Thier,
Die fühlend leblos, fühllos lebend sind?
Was ist in mir, das in mir spricht und leitet,
Was ist in mir, das Folg' auf Gründe setzt,
Und wenn es ist,: woher ist es gekommen?
Geheimes grübelnd, ohne einen Grund,
Den Grund der Folgen, die ich spürte, — finden,
Das hätt' den Geist umnachten mich geheißen.
Von Folge ging zu Folge ich zurück:

Nun mußt' den Grund, wenn er bestand, ich
    finden -- :
Wer anders schuf mich Niegeborenen,
Als hohe Mächte, die, der Erde fern,
In segensreichen Weiten sich bewegen
Und uns der Erde gaben, daß dies Thun
Zum Zeugen ihrer Macht und Stärke würde.
Sich selbst zum Preise schufen Menschen sie. —
    (Pause.)
Ihr wißt, wie diese Wahrheit mir erstanden,:
Erst langsam fließend aus der Zagheit Born,
Dann immer mehr, vom Licht des Geist's er=
    leuchtet,
Sich festigte, an Form und Größe wuchs.
Ihr saht mich grübeln unter'm Dach der Hütte,
Verwerfen, denken unter'm Sternenglanz. —
Nun denn: wenn heute sich die Sterne zeigen,
Wird stolze Krönung meinem Lebenswerk.
Nicht ist's genug, die Mächte zu erkennen,
Der Wille, sie zu kennen, zeige sich,
Damit sie ihres Waltens nicht vergessen,
Wenn anders sie, — wie wir —, vergessen
    könnten.
    (Er zeigt nach rechts in die Scene.)
Ihr seht dies Mal? — Aus Steinen ist's erbaut
Seit kurzer Zeit durch Abels fromme Hände.
Dies Mal sei heilig, heilig sei der Plan,
Auf dem sein Schatten in der Sonne zittert;
Denn dieses Mal sei Zeuge von der Menschen
Wahrhaftem Willen, jene zu erkennen,
Zu ehren, fürchten, die gewaltig sind
Und übermenschlich mächtig über Menschen.
Ein Rauch soll steigen zu den lichten Höhen,
Er soll ihn bringen, uns'ren heißen Wunsch

Und soll zum erstenmal als Menschenbote
Zu den Gewaltigen empor sich ringen. —
Ich lade Euch, in still verschwieg'ner Nacht
Mit mir das Feuer unsr'er Gluth zu zünden
Und mit dem Rauch die Seelen zu erheben,
Um so geleitet Eu'ren Weg zu finden.
O haltet fest was wir aus Dunklem heben
An's helle Licht des Tages und des Geist's,
Erkennet endlich, was in Eu'rem Leben
Sich als alleine unverändert weist. —
Vom Anfang an, vom Anfang! — Welches Wort!
Wem, der es spricht, erschaudert nicht die Kehle?
Und nur Allmächt'ge, die der Anfang nennt,
Kann er erfassen in der schwachen Seele. —
(Pause.)
Eva (mit erhobenen Armen).
So soll es sein! — Ich Ungebor'ne blicke
Voll Dank zu Euch in Eu'rer heit'ren Ruh
Und send', indeß' ich mich an Euch entzücke,
Mein Werk des Lebens Eu'rer Milde zu.
Jethro (flehend).
O, laßt an uns auch Eu're Liebe walten,
O, knüpft durch sie mit uns ein festes Band,
Damit wir so getragen und gehalten,
Wie Ihr befehlet, wandeln unverwandt.
Gea (nur ihr Antlitz nach oben wendend).
Gefesselt sind wir und beraubt durch Euch;
Doch: Ehre Euch, Ihr größeren Gewährer,
Denn da Ihr herrschet im allmächt'gen Reich
Seid Ihr der Erde bessere Ernährer!
Erda (leidenschaftlich flehend).
Ist Eu're Macht erhaben, grenzenlos,
So könnt Ihr heben was sich beugt und windet,
Erweitert fühl' ich meiner Seele Schoß
Vom Hoffnungsschein, der Euer Sein verkündet.

Doch wie erfaſſ' ich Euch in meinem Denken?
Ich kann mich in den Himmel nicht verſenken!
Adam: Zum Himmel zieht es mächtig uns hinan.
Alleine ringend, ringen wir vergebens;
Das iſt die ſchönſte Blüthe unſ'res Lebens:
Das Aufwärtsſchreiten auf erkannter Bahn.
Iſt ungeheuer auch des Himmels Bogen,
Ein brünſt'ges Sehnen nähert jedes Ziel,
Dem Muthigen erſcheint 's willkomm'nes Spiel
Und plötzlich ihm entgegen ſchon gezogen.
Vertraut iſt dem, der bittet, güt'ges Wort,
Dem Geiſt, der fliegt, iſt nahe ſchon die Ferne,
Der fleh'nden Hand erreichbar ſind die Sterne,
Doch den, der ſtockt, — den treibt es weiter fort;
Ihn ſchleudert tief ſein klägliches Verzagen
In Dunkelheit, aus der er langſam ſtieg.
Der Abgrund jubelt über einen Sieg.
Dem wird die Sonne niemals wieder tagen.
Abel. Du ſteigſt in Worten, doch Dein Geiſt verſäumt
Die, die noch zweifeln, kräftig mitzureißen;
Vor ihren Augen läßt Du Bilder gleißen,
Die Du in langen Nächten Dir erträumt.
Mir ziemt es wohl, die Deinen Dir zu laſſen,
Doch will ich mahnen, daß Du ihnen zeigſt
Wie ſich der Weg eröffnet, den Du ſteigſt,
Damit ſie was wir wollen ganz erfaſſen.
Adam (zu Abel).
Du gabſt der Erde wieder meinen Fuß.
Mein Sohn, hab' Dank!
(Zu den Anderen.)   Ein ſehnendes Vertrauen,
Das auf ſich ſchwingt mit kindlich-frommem Gruß,
Läßt ihren Segen auf uns niederthauen.
Wir müſſen wandeln ſtill in ihrem Licht
Bis die Erkenntnis unſ'ren Pfad begnadet;

Doch wer nicht willig ist, erkennt sie nicht,
Dem sich'ren Wege ist er schon entpfadet.
In Allem, was gedeiht und blüht und grünt,
Sollt der Allmächt'gen Finger Ihr erkennen;
Weh' dem, der selbst zu schaffen sich erkühnt
Und trotzig wagt den Schaffer sich zu nennen!
Verbrüdern müßt Ihr, was in Euch sich regt,
Mit dem Gedanken, daß Ihr schwach geboren
Und daß die Welt, die Ihr alleine pflegt,
Weil Ihr alleine —, geht für Euch verloren.

Abel (sich erhebend).
Drum beugt die Häupter, rufet um Erbarmen,
Erschaudert vor der Stimme, die Euch ruft!
O, sucht im Geist die Höchsten zu umarmen,
Steht auf des Todes überbrückter Kluft,
Die in sich hegt den Schauer finst'rer Schatten
Für jene stolzen Einzelmenschen nur,
Die sich mit ihm zu jenem Nichts begatten,
Was um uns ist und das uns heißt: Natur!

Adam. So soll es sein! —
(Er blickt um sich.) Ich sehe Euer Beben
Und will Euch führen an des Sohnes Hand.
(Er ergreift Abels Hand, erblickt Kain, der still und
ruhig dasteht und reicht ihm die andere Hand hin.)
Und Kain, mein Sohn, — willst Du die Deine geben,
Hast Du die Wahrheit unf'res Seins erkannt?

Kain. Da Du mich fragst, — so will ich es Dir sagen:
Von starkem Nacken wird mein Haupt getragen,
Ihn beugt kein flüchtig hingeworf'nes Wort.
Ich stehe fest auf mir gegeb'ner Erde
Und achte, daß mir nichts entrissen werde,
— Mir stemmt kein and'rer Fuß den meinen fort.

Adam. Du nennst's ein flücht'ges Wort, ein unbedachtes? —
Weißt Du, mein schneller Knabe, — was es ist?!

Es ist ein mit dem Herzen vorgebrachtes,
An das es sich mit strengen Fesseln schließt.
Vom Lebensanfang meiner Kindertage
Hab' ich gebaut an seinem hellen Ton,
Ein Stück von mir, — ich selbst ist's, was ich sage,
Und bin's ich selbst, so bist's auch Du, mein Sohn! —
Kain. Du zeugtest mich, doch bin ich selbst geworden,
Dein Ich ging längst in meinem eig'nen auf. —
Adam. Wer gab Dir dieses? — —
Kain (mit mächtiger Geberde). Hemm' des Wassers Lauf
Und frag', wer es gesäumt mit grünen Borden!
Die Quelle rauscht aus felsigem Gestein,
Die Tropfen rinnen unentwegt zusammen;
Wenn auch vom gleichen Ursprung alle stammen:
Der Strom kann nimmermehr die Quelle sein.
Der erste Strahl ist längst dahin geschwunden
In einer neuen, größ'ren, wild'ren Macht,
Das Band zerriß, das einst den Strom gebunden
An jene Quelle in der Waldesnacht.
Doch könnt' er denken, — würd' er wohl erkennen,
Daß er nicht wäre ohne den Beginn.
In Ehrfurcht will ich ihren Namen nennen,
Doch nicht vergessen was ich selber bin.
Was meines Lebens Ufer nun umsäumet,
Das ist von mir, aus meiner eig'nen Kraft,
Die in mir treibt und lebt und Neues schafft
Und alles Andr'e hab' ich — weggeräumet.
Abel. Ich kenn' Dich, Bruder;
　　　　　　Stark und stolzen Muthes
Hast du auf eigne Füße Dich gestellt,
Dein Thun und Denken bildet eine Welt,
In der Du lachest des gemeinen Blutes.
Den Bau der Welt kannst Du Dir nimmer runden
Und ein Dich schließen in ihr dunkles Nest,

Ich habe Thür und Thor daran gefunden
Und trete ein, da man sie offen läßt.
Kain. Ich hab' zu Gaste Niemanden geladen. —
Wer eintritt, sehe, wie es ihm gefällt.
Abel. Ich schreit' auf den von mir verfolgten Pfaden,
Kein Hemmniß kenn' ich, das mein Ziel verstellt.
Adam. Ja, Kain, — wir rücken Dir ins eig'ne Leben
Und spinnen weiter das verlass'ne Wort.
Abel (zu Kain). Du selber führst die Kette weiter fort
Und schließest sie an das, was wir gegeben.
Adam. In Dir, so sprachst Du: wohnet eig'ne Kraft,
Die nicht gezeugt und die von keinem Stamme,
Ein Dir nur eig'ner, — uns ein fremder Saft,
Ein Licht, das niemals stammte aus der Flamme.
(Bitter.)
Was ich Dir gab, das schwand in Deinem Blut,
Es war gegeben nur um Dich zu wecken!
Gestrandet seh' ich mein verschenktes Gut,
Der Schöpfer muß sich dem Geschöpf verstecken.
Doch frag' ich Dich: Woher das stolze Prangen
Von diesem Blute? — Ist's in einer Nacht
Durch milden Regen, durch der Sonne Macht,
Wie eine Sommerblüthe aufgegangen?
Wer setzte ein sie in Dein leeres Herz,
Wer schlug die Wurzeln in die taube Erde,
Wer lenkt' ihr Blühen mühend himmelwärts,
Wer gab die Kraft, daß sie zur Blüthe werde?! —
Was menschlich, — einfach, — tauchst Du in ein Dunkel,
Aus dem Dich unser Wort allein befreit:
Sie strahlt der Wahrheit schimmerndes Gefunkel,
Sie aufzunehmen zeige Dich bereit.
Dein Wesen, Denken, das ich Dir gegeben,
Die Unsichtbaren haben es geführt

Und ihrer Hände segensreiches Weben, —
Du hast's im Herzen oft genug verspürt.
Kain. Wenn sie es thaten, muß ich's thöricht schelten,
Denn sie verringern ihren eig'nen Ruhm.
Ich könnt' ihr Walten nimmermehr vergelten,
Denn selbst zerstörten sie ihr Heiligthum.
Abel. Wie willst Du wissen, was sie von Dir wollen?
Denn unerforschlich ist ihr dunkler Weg;
Sie lachen heute, morgen tönt ihr Grollen
Und blitzt ihr Finger über Hang und Steg. —
Du wirst geprüft und dann geläutert werden,
Auch Dir wird's winken von der hohen Bahn.
Erst wenn sie reif ist, fällt die Frucht zur Erden.
Wir können führen, — folge uns hinan!
Kain. Ich bin nicht reif.
Abel. So mußt Du kämpfen, ringen,
Das Herz erschließen, suchen emsiglich,
In's Inn're blickend Deinen Tag verbringen
Und mir es zeigen, — ich belehre Dich.
Kain (nach einer Pause).
Mir floß von außen nichts in's Herz hinein,
Was ich besitze, nenne ich mein Eigen.
(Plötzlich, in die Ferne weisend).
Dort bohrt das Wasser sich in Felsen ein,
Hier steht der dunklen Wälder stummes Neigen,
Die Wolken ziehen und die Sonne sinkt,
Dort zieht das Reh zum letzten Abendtrunke
Und da, — indeß es seine Labe trinkt,
Erglänzt im Aug' des Löwen schon der Funke.
Was fragt das Wasser nach gegeb'nem Weg,
Der Wald nach Ursprung und dem Grund des Neigens,
Die Wolke nicht, warum im Zug des Schweigens
Sie langsam schattend um die Sonne geht?
Das Reh erfreut sich seines kurzen Lebens, —
Und wenn es dächte, wär's ein bitt'rer Fluch,

»Die Erbsünde«.

Der Löwe freut sich seines kräftigen Strebens, —
Es ist! — Ein kurzes Wort! — Doch mir genug!
Abel. Du dünkst Dich gleich — — — ? —
Kain.   Ich bin ein lebend Wesen.
Abel. Doch nicht vergänglich!
Kain.   Weißt Du das gewiß? —
Wo sind die Eltern Adams denn? — Gewesen!
Das Blut verlief, — der Muskelfaden riß.
            (Alle rufen durcheinander.)
Adam. Wie kannst Du solch' ein Ungeheu'res denken?!
Abel (zitternd.)
Das kann nicht sein, daß dieses Aug' versiegt!
Eva. Unsinnig ist's, in diesen Wahn sich senken!
Erda. Wie könnt ich sterben!
Gea.   Wie der Puls mir fliegt!
Kain (betrachtet kalt lächelnd die Aufgeregten, dann,
    nach einer Pause).
Was für ein Stürmen habe ich beschworen!
Es schwirrt um mich gestörter Bienen Flug,
Die durch des Störers rohe Hand verloren
Gefeiter Stätte süßesten Betrug.
Sind diese Arme, die Ihr wehrend haltet,
Nicht Fleisch und Sehnen, Muskeln, Adern, - nein? -
Sind Eu're Knochen thierisch nicht gestaltet,
Ist Euer Mark denn felsiges Gestein,
Das unberührt vom Laufe aller Zeiten
Dem Leben trotzt?! — Und selbst der Stein vergeht!
Was heute strahlt in schönen Wirklichkeiten
Ist morgen stumm und nimmer es ersteht. —
Gleicht Erda's Auge nicht dem Aug' des Rehes,
Nicht Gea's Antlitz dem des stolzen Aar,
Und Eva's Schoß dem Schoße nicht des Sees,
Der neues Leben aus sich selbst gebar?
Wenn Jethro lachet, girrt da nicht die Taube,
Und wenn sie singet, zwitschert nicht der Fink?

Ist Adam nicht der Löwe vor dem Raube,
Der gern das Blut aus allen Seelen trinkt,
Sie erst zerstückend mit des Wortes Kralle,
Um kraftlos sie zu legen auf den Plan
Und einsam dann zu steigen bergesan
Und stolz zu blicken?! — Thiere sind wir alle!
Adam (mühsam seine Erregung bekämpfend).
Du schlägst mit Keulen auf ein Vögelein,
Da Du vergleichst, so folge ich Dir willig
Und fordere von Dir als recht und billig:
Ist der Verstand den Thieren auch gemein?
Eva. Und dieser nicht allein. — Auf unf'ren Wegen
Bedürfen wir noch Güter and'rer Art;
Kommt das Gefühl dem Geiste nicht entgegen,
Ist dies mit jenem bestens nicht gepaart:
Wir glichen bleichen Sumpfespflanzentrieben,
Die rastlos wachsen, jedes Haltes bar, —
Was wären Menschen, könnten sie nicht lieben?
Ein Tag der Liebe für ein Geistesjahr!
Jethro. Betrachtet Euch: Ihr seid der Liebe Zeugen,
Der Doppelliebe zu Geschlecht und Kind,
Urheilig ist's, vor dieser sich zu beugen,
Daran erkennend, daß wir Menschen sind.
Eva. Dein erstes Lallen, Kain, an meinem Herzen
Sei mahnend in Erinn'rung Dir gebracht.
Jethro. Und unf'rer Mutter fleischgeword'ne Schmerzen,
Die Dich gehoben aus der ew'gen Nacht.
Kain (erschüttert).
In edlem Gleichklang tönet Ihr zusammen
Und ich verehre Euer großes Wort.
Mit sanften Tönen, die vom Himmel stammen,
Will's mich erheben von der Erde fort.
(Nach einer Pause ruhiger.)
Ich bin im Wald verschlung'nem Bau begegnet,
Den ems'ge kleine Thierlein aufgeführt;

Wer hat gedeihlich wohl dies Werk gesegnet,
Wer hat für sie die Himmelshand gerührt?
Für Menschen nur ist Euch der Himmel offen,
Ihr schaudert, da ich Euch dem Thier vergleich';
Für diese Kleinen gibt's kein süßes Hoffen, —
Sie enden auch im eng begrenzten Reich.
Wohlan! Ihr Bau war Wunder ohne Gleichen,
(Auf die Hütte weisend.)
Im Kleinen größer als dies Holzgezelt;
Wer lehrte sie so hohe Kunst erreichen?
Der Himmel nicht?! Der Geist, der sie beseelt!
Verständig stützend, füllend jede Fuge,
Ist dieses Thierlein weiter Euch voraus
Als jene Wolken, die im hohen Fluge
Dort oben huschen um ihr luft'ges Haus.
Ich sah der Hirsche liebendes Begehren,
Ich griff der Löwin räuberische Brut
Und bangen Zagens mußt' ich mich erwehren,
Da ich gesehen ihre Mutterwuth. —
Ich sah die Hinde ihre Kleinen kosen
Mit treuem, mir zu Herzen geh'ndem Blick,
Der Vögel Nester in den wilden Rosen,
Ihr ängstlich Flattern um das junge Glück. —
Mir dürft Ihr nicht von Geist und Liebe sprechen
Und nicht gedenken jener großen Welt,
Sie wird die Staffeln Eu'rer Leiter brechen,
Die hohen Muth's Ihr 'gen den Himmel stellt!
(Nach einer Pause.)
Nun sehe ich, wohin mich fortgetragen
Die Frage Adam's, die, sofort verneint,
Gezeugt nicht hätte diese vielen Fragen
Und meine Antwort, die Euch Frevel scheint. —
Doch da ich heute mich Euch offenbare,
Vergönnt auch mir ein schüchtern Fragewort. —

Adam. Du warst uns fern durch ungezählte Jahre;
Wir schritten hier, — Du gingst alleine dort.
Warum Du's thatest, weiß ich nicht zu sagen.
Doch nenn' ich's Freude, wenn Du wieder nahst,
Und seltnes Glück, daß Du nach dunklen Tagen
In Deiner Brust vergess'ne Liebe sahst.
Kain (leidenschaftlich ausbrechend.)
Warum ich weilte?!
(Düster.)
Fragt und forschet nimmer. —
Auch dies zu künden kommt vielleicht die Zeit.
Adam. Wenn Du es willst, die Zeit ist günstig immer.
Abel. Der eng Gebund'ne ist nicht bald befreit.
Kain (nach einer Pause.)
Ich schreite unter lichten Sonnenstrahlen
Und seh was ist: was nicht ist, ist mir fern;
Es auszudenken schaffet müß'ge Qualen,
Undeutlich ist mir Eu'rer Weisheit Kern.
Mir ist es Weisheit: Was dem Aug' gegeben,
Bedächtig auszunützen mit der Hand
Und nicht in Ländern eines Traum's zu leben,
Vorwärts zu schreiten fest und unverwandt.
Soweit die Erde kann mein Fuß beschreiten,
Soweit mein Blick auf das Besteh'nde fällt,
Ist Alles mein vom Anfang jener Zeiten,
Die mich in's Leben und in's Sein gestellt.
Ich fühl' die Kraft in mir es zu behalten,
Daß Ihr besitzt, das ließ ich nur gescheh'n, —
Doch nimmer will ich unter Ander'n walten,
Die mit dem Herrscherauge auf mich seh'n.
Wie könnt' ich schaffen, müßte ich verfechten
Vor höh'rem Ohr, was ich als recht gethan,
Zwei Willen müßt' zu einem ich verflechten
Um stets zu sein ein guter Unterthan.

Wie könnte ich gebund'ne Hände regen,
Verkehrtes thun, wenn ich das Beſſ're weiß,
Was nützt von oben mir der naſſe Segen,
Wenn in der Erde keimt kein grünes Reis?
Um jede Arbeit würd' der Zweifel ſchleichen,
Und wo der Zweifel, iſt das Werk zerſtückt —,
Ich könnte nie das beſte Ziel erreichen,
Da ewig ſich die Grenze mir verrückt,
Die zwiſchen Gut und Böſe iſt geſetzet,
Oft eine Grenze, die das Herz nur zieht,
Und die kein And'rer, als der Meiſter ſieht,
Der, weil's ſein Werk, — die Grenze nie ver=
  letzet.

Abel: Gut oder bös, — das ſteht für alle Zeiten,
  s'iſt nicht verſchieden nach des Herzens Schlag
  Und nicht nach Meinung und Gefühl zu deuten,
  Das ſtehet feſt wie Nacht und wie der Tag.
  Aus Deinen Worten quillt nur ein Gedanke
  Und der heißt: Kain! — Ein Anderes kennſt
    Du nicht!
Kain (wild).
  Iſt's einer?! Gut! Dann ſteh' ich feſt und ſchwanke
  Nicht auf dem Weg, den hellt ein einz'ges Licht!
    (Ruhig.)
  Nun frage ich: Warum Ihr Euch erniedert
  Und ſich'res Gut aus Eu'rer Hand entläßt,
  Vielleicht, — wer weiß? — das thut, wovor
    Euch widert
  Und Eu'rer Sendung in der Welt vergeßt?
  Bedenkt, — Ihr thut's für ſpäteres Geſchlecht,
  Das aus Euch kommen einſtens wird hienieden
  Und fraglos finden ſchon geg eb'nes Recht,
  Was ſucht Ihr, wollt Ihr finden denn?! —

Adam (mächtig): Den Frieden! —
Was wär mein Leben, wäre ich geboren
Aus Niedrigkeit, aus längst verfaultem Schlamm,
Der längst die Kraft, die mich gezeugt, — ver=
 loren,
War ich ein Keim aus lang vermorschtem
 Stamm?!
Was aus Vergänglichem emporgeschossen,
Wie Pilze aus dem regenreichen Grund,
Ist an's Vergang'ne enge angeschlossen,
Gezogen wird's in den geheimen Schlund,
Der schnell sich öffnet, wenn die Kraft versieget,
Die es gesetzt und kurze Zeit erhielt. —
Hat nicht der Aar geübt die Kunst des Fliegens,
Er kann nicht fliegen wenn's zu fliehen gilt. —
Denn durch die Wesen schreitet die Zerstörung
Und fällt sie grausam, weil sie so sich nährt;
Was schlaff sich zeiget, findet nicht Erhörung
Und wird zerstört und stumm hinweggekehrt,
Um aus den Trümmern wieder zu erheben
Ein neues Haupt, das nicht das alte kennt,
Und der Zerstörung neuen Fraß zu geben,
Daß ihre Fackel neugenährt entbrennt.
Doch kann ich fliegen über jenem Feuer
In stolzer Flucht und meiner Macht bewußt
Und wohl geübt, — versinkt das Ungeheuer
Zu einem Spott, — zu einer Kinderlust.
Der Körper drängt der Lösung stets entgegen,
Doch an das Ew'ge heftet sich der Geist,
Und ist dem Geist der Körper unterlegen,
Ist frei die Bahn, die hin zum Ew'gen weist.
Nur strenge Uebung kann die Kunst entfalten,
Ein fester Wille schaut nicht mehr zurück;
Wenn keine Zweifel mehr die Seele spalten,
Dann ist gewollt: gescheh'n das Meisterstück!

(Auf seine Brust klopfend.)
D'rum lerne, Aar, und übe Dich im Fliegen,
Bekämpfe, Geist, des Körpers nied'ren Drang,
Nicht rechts noch links geschaut, — so wirst Du
    siegen
Und kühn entrinnen aus dem Todeszwang.
Die Unsichtbaren müssen ewig dauern,
Da ewig drehet sich der Lauf der Welt,
Und ewig wird um Tod das Leben trauern,
Bis es zum Leben in den Tod zerfällt.
Daß wir entstammt den mächt'gen Gewalten,
Die mich und Eva auf die Welt gehaucht,
Das muß den Hebel bilden, den wir halten,
Da wir sonst wären in die Nacht getaucht,
Die starken Arm's umfängt die Lebewesen,
Sie ziehend, — haltend nur nach eig'ner Wahl,
Ihr kurzes Sein verwandelnd nur in Qual,
Aus der sie nie zu kurzer Freud' genesen.

Kain: Wie kannst Du aus Vergangenem entriegeln
    Das, — wenn es war —, nun nicht mehr könnte
        sein?

Adam: Die Zukunft muß sich im Vergang'nen spiegeln,
Denn das, was war, vom Künft'gen ist's ein
    Schein.

Kain (zu Abel).
Erwacht, da Du dies hörst, Dir keine Ahnung,
Von einem früh'ren, arg vermess'nen Wort?
Ich schleudr' es Dir zurück als bitt're Mahnung
An diese Stunde und an diesen Ort.
»Selbstsücht'ger Kain!« entwand sich Deiner Rede;
Und was Ihr denkt, das kreiset nur um Euch
Und packt in grimmig schnell entbrannter Fehde
Die Fackel, die sich drängt in Euer Reich.
Ich warf von mir ein fröhliches Gedenken
An einer Zukunft überird'sches Licht,

Was ich erwarte will ich gern Euch schenken,
Und irrt' ich mich, — ich nähm's zurücke nicht.
Ihr aber klimmt an übersteilen Wänden,
Den Stein befruchtend, der der Mühe lacht,
Und klebt und drängt mit angstverstörten Händen
An einem Bauwerk selbstgeschaff'ner Macht.
Entfacht die Brände, schleudert Eu're Waffen
Und probet muthvoll was Ihr stammelnd sagt,
Anstatt in hohen Worten zu erschlaffen
Und zu umkreisen was Ihr niemals wagt.
So schauen keine zuversicht'gen Streiter:
Euch bebt das Herz, indessen Ihr vertraut,
Geahnte Schatten habt Ihr als Begleiter,
Da der Unsterblichkeit in's Aug' Ihr schaut. —
Das Mal, das Abels Hände dort errichtet,
Sei scheidend zwischen Euch und mir gebracht,
Bis Eu're Kenntnis wieder es vernichtet
Und es in's Nichts des Staub's zusammenkracht!
Eva: Nicht über Trennung sollen jene rechten,
Die sich gefunden auf dem Weg des Krieg's;
Getheilte Meinung soll Euch eng verflechten,
Erwartet still die Stunde eines Sieg's. —
Ein Jeder schaffe nach der Art und Weise,
Die ihm bedünkt als wahr und als gerecht,
(zu Kain):
So schaff' auch Kain sich im beschränkten Kreise
Naturverfolgend ein gezeugt' Geschlecht.
Im Kreis der Seinen wird die Seele weiter;
Der Liebe Welle weitet sich und schlingt
Den Stolz des Herzens von erhab'ner Leiter,
Wenn Kindesmund sein Abendliedchen singt;
Wenn mit der Sorge um geliebte Augen
Der Eltern stolzes Aug' zum Himmel irrt
Und wenn des Kindes erstes Athemsaugen
Als banger Hauch die blaue Luft durchschwirrt.

O glaub' der Mutter: Jene erste Regung,
Der erste Hauch, der noch so unbekannt,
Ergreift das Herz mit stürmischer Bewegung
Und drückt es sanft mit liebevoller Hand;
Dem Vater weht er spielend um die Stirne,
Unmerklich kosend kühlt es ihm das Blut
Und treibt die Schwermuth aus dem heißen Hirne,
Ein friedenbringendes, — ein theu'res Gut. —
Wie Gea war ich. — Männlich war mein Handeln,
Der Thiere Fährten sucht' ich spürend auf,
Mein Haus der Wald, mein Gang ein streitbar' Wandeln,
Mein wilder Pfad der wild're Wasserlauf;
Auch meine Rechte konnt' den Hammer schwingen,
Mein starker Arm hat auch den Wolf gestellt,
Groß war die Welt und herrlich zu durchdringen, —
Nun schaut auf Euch: Das blieb von meiner Welt.
Wie eng begrenzt, wie friedlich — welches Weilen
In Augenblicken stiller Mutterlust! —
Vergessen ist mein eitles Weltdurcheilen
Und wildes Stürmen, hier, — in dieser Brust.
Mein Busen schäumte über Herz und Rippen
Gar oft entgegen dem, was mir geschah, —
Nun ihn berührt die ersten Kindeslippen —,
Ist vom Vergang'nen nur ein Schatten da,
Der leise lächelnd kommt als ein Erinnern
An eine Zeit, die alles Schöne tot
Und tief begraben hielt in meinem Innern
Und die gesuchte Welt mir niemals bot.

O, bleibt beisammen, Leugner und Verfechter,
Denn ob Ihr leugnet oder betend seht
Ist Jenen gleich, die strenger und gerechter
Und besser wissen, was gefestigt steht.

O, laßt uns fleh'n um endliches Erkennen,
Doch über Unvermögen richtet nicht! —
O, laßt uns beten! — Wenn die Herzen brennen,
Entbrennt der Seele auch ein helles Licht.

Adam. Du hast, mein Weib, zur Erde uns gelenket,
Der wir vergaßen in gehob'nem Flug,
Du hast des Zornes glüh'nden Blick gesenket,
Der wilde Funken leicht geborgen trug.
Du hast des Sohnes ungeberd'ge Glieder
Besponnen sanft mit gutgewebtem Kleid,
Daß sie der Abkunft nicht vergessen wieder. —

Kain (leise zu Eva gewendet und erschüttert).
Und müßt' ich's doch, — um diese thät's mir
 leid. —

Adam (zu Kain).
Noch ein's, mein Sohn; in stillen Einsamkeiten,
Da lauert tückisch Deinem Geist Gefahr:
Du würdest sanfter Deinen Pfad beschreiten,
Wenn seine Rauheit schattete ein Paar.
Laß nicht die Kräfte, die Du preist, versiegen,
Was schlimmer: treiben nicht in taube Frucht;
Zu Deiner Welt laß Deine Blicke fliegen
Und merk', wie Einz'les den Geführten sucht.

Kain (sich kräftig reckend).
Ein gutes Wort! — Ich will mich wieder leben,
Ein Abbild schaffen nach Naturgebot,
Ich will mein Blut der Zukunft weitergeben,
Mich zu verfält'gen thut mir wahrlich Noth.
Auch mich gelüstet Kräftiges zu bauen,
Nicht nur zerstören kann und will mein Sinn,
Auf starke Stützen will ich einstens schauen,
Wenn ich des Kampfes matt und müde bin. —
Dir, Vater, will die Wahl ich überlassen,
Du wählst mir gut, — deß' will gewiß ich sein;

Mit Funken wirst Du Eis zusammenpassen:
Die beste Mischung für den jungen Kain.
Adam: Dein Wünschen treibt Dich Keiner noch ent=
gegen?
Kain (lächelnd).
Ist Jethro der mir zugedachte Preis?
Ihr sanftes Thun erwächst zu größtem Segen.
Abel (zitternd, in Gereiztheit).
Hier steht, was sie allein zu schätzen weiß!
Kain (nach einem stummen Blick auf Abel und kurzer
Pause zu den beiden Schwestern hinsehend).
Wohlan! — Zwei Hasen seh' ich dort sich
drängen.
Wer ist die beste? — Preist Euch flink mir an,
Daß ich aus allen aufgezählten Mengen
Das Meistgebot'ne fröhlich wählen kann.
Gea (zornig aufspringend).
Die Ursach' für Dein lächelndes Beschämen
Bist Du allein; — wir thaten nichts dazu.
Gerechten Zorn kannst Du von mir vernehmen,
An diesem malmend geh' von hinnen Du!
Kain (seine Keule ergreifend).
Glück zu, Du Jungfrau! — Trotzig im Ver=
fechten
Mag ich die Menschen, lehr' es diese dort.
Die off'nen Kämpfer, nimmer sind's die schlechten
Nur die, die schlagen mit verborgnem Wort.
(Plötzlich aus kurzer Heiterkeit in Ernst fallend.)
Die Sonne sinkt; es laufen ihre Strahlen — —
Seht Ihr sie? — — — spielend um des
Abels Mal,
Ein flücht'ges Glänzen auf den Stein zu malen;
Nun sinken sie und fahren schnell zu Thal.
Dort sei heut' Abend eine Schlacht geschlagen,
Vielleicht die letzte; Ungesproch'nes wird

Und Schwerzusprechendes von mir getragen,
Das droh'nden Aug's zu Euch herüberstiert.
   (Wild.)
Wähl', Adam, wähle! — Wenig sind der Stunden
Zu jener Stunde, die zum Streit Du riefst,
Die Du zur Zeugin über uns vertiefst;
Wohl Dir, wenn Du sie willig hast gefunden!
   (Er geht schnell rechts ab.)
Abel (glühend; ergreift stürmisch Adams Hände).
 Auch sollt von mir Verborg'nes Ihr erfahren,
Nur auszusprechen in verschwieg'ner Nacht, —
Das hoch und stumm im Busen zu bewahren,
Den es begeistert und zur Gluth entfacht!
(Er eilt schnell in entgegengesetzter Richtung davon.)
Adam (zu den Frauen).
 Dann auf zum Mal, sobald die Sonne scheidet.
   (Er wendet sich zum Gehen.)
Eva (hält ihn zurück).
 Es gilt zu schlichten eher einen Streit.
Ich seh' den Blick, der and'ren Blick beneidet.
Gib der, die schwankt, ein sicheres Geleit.
Adam (erstaunt sich wendend).
 Noch mehr der Zwietracht?
Eva (Gea und Erda vor Adam führend).
     Frauenaugen sehen,
Was Dir, dem Ernsten, leichter sich verbirgt.
In diese Herzen mögest klar Du sehen
Und dann entscheiden was das Beste wirkt.
Adam (zurücktretend).
 Es geht um Kain — ich ahn's — ein doppelt
     Werben?!
In dieser Sache hab' ich schon erkannt.
Eva. Ein schnelles Urtheil würde schnell verderben.
Gea (die rechte Hand vorstreckend).
 Ich halt' ein Urtheil schon in meiner Hand.

Eva. Was schnell beschlossen, ist auch schnell ver=
nichtet.
Adam. Entfesselt, Mädchen, Eu'rer Zungen Spiel.
Ihr wollt ein And'res über Euch gerichtet?
Gea (grollend).
Was ich gesprochen scheint mir schon zu viel.
(Auf Erda weisend.)
Doch diese rede! — Wie ich ihr versprochen,
Wird nicht ein Wort von mir ihr Fessel sein.
(Erda blickt zitternd und schweigend zu Boden.)
Jethro (schmeichelnd zu Erda).
Mein armes Blümchen ist verstört, gebrochen;
Wo ist Dein Herz? — Was schlich sich da
hinein?
(Erda gibt keinen Laut von sich; sie steht regungslos.)
Adam (ungeduldig).
Genug des Spieles. — Meine Worte dauern.
Ich gab der Kraft die Kraft, — so ist's gerecht.
Unwürdig wär's der Schwester Glück betrauern
Und Neid zu hegen eigenem Geschlecht.
(Weicher zu Erda.)
Ein Kind, ein schwaches, schwankes Kind vermählen
Sollt' ich dem ungestümen Wirbelwind?
Du wirst der Freier zur Genüge zählen; — —
Schau Geas volle Reif doch', mein Kind! —
Indeß, Dein Wünschen hab' ich nicht vernommen.
(Lächelnd zu Eva.)
Es trog vielleicht der sich're Frauenblick.
(Zu den Frauen.)
Nun geht, — nun geht; der Abend ist gekommen,
Es bleibt der Mond wohl lange nicht zurück.
(Langsam gehen die Frauen nach rechts in die Hütte,
als letzte Erda mit gesenkten Blicken.

Die Sonne geht unter. Abendroth über den ganzen
Himmel im Hintergrunde. — Violette leichte Wolken
steigen auf — Adam sieht lange, in Gedanken ver=
sunken, auf die friedliche Gegend.
Endlich wendet er sich ab und setzt sich auf einen
Felsblock.)
Adam (allein, nach einer Pause).
Was ist die Welt? — Was sind, die wir ge=
geben, —
Wir —, dieser Welt? — Bald scheint's so
sonnenklar,
Bald scheint ein Räthsel unser ganzes Leben,
Das noch vor Kurzem mir gelöset war.
(Er versinkt in Gedanken.)

(Ganz in der Ferne erscheint ein Wanderer in langen,
wallenden, dunklen Gewändern Sein Gang ist langsam
und in der großen Ferne erscheint er klein. Bald ist er
sichtbar, bald verschwindet er hinter Hügeln, seinen Weg
in die Scene verfolgend. — Die Dämmerung nimmt
zu. — Lange Pause. — Immer noch sieht man den
Wanderer langsam vorwärts schreiten; endlich erscheint
er im Hintergrunde und tritt vor Adam.)
Adam (fährt in hellem Erstaunen halb von seinem
Sitze auf.)
Der Wanderer. (Sein Gesicht erscheint bald jung,
bald alt: immer tief ernst.)
Du kennst mich nicht?
Adam (stammelnd).
Wie sollte ich Dich kennen?
Theil' ich mit Dir der Erde Einsamkeit?
Der Wanderer. Kein Wunsch nach mir?
Adam. Wie sollte er entbrennen?
Nie sah' ich Dich, Dein Wesen und Dein Kleid.

Der Wanderer. Ich war bei Dir.
Adam. Du warst?!
(Er schließt die Augen.)
Der Wanderer. Und bei den Deinen.
Adam (mit der Hand langsam über die Stirne streichend.)
Ich zweifle, zweifle, — ob ich Dich geseh'n?
Der Wanderer.
Du willst Dich gastfrei nicht mit mir vereinen?
Soll ich vor Deiner Hütte flehend steh'n?
Du zweifelst? — Nun, — mir ist ein Glück beschieden:
Die Lösung tragend nahte ich mich Dir.
Adam (springt auf).
Du bringst den heißersehnten, — bringst den Frieden?!
Der Wanderer (läßt seine Hand schwer auf Adam's Schulter fallen, der auf seinen Sitz zurücksinkt).
Ich bring' ihn Allen, — bring' ihn Dir und — mir!

(Schluß der Scene.)

II. Scene.

(Kurze felsige Gegend. Gegen den Hintergrund zu eine Reihe von Hügeln, über die aus dem tiefsten Hintergrunde ein schmaler gewundener Gebirgsweg gegen den Vordergrund führt. Starke Dämmerung: jedoch sind noch keine Sterne sichtbar. — In der Mitte ein roh aus Steinen aufgeführtes Mal (Altar), worauf Holz und Reisig geschichtet ist, aus dem knisternd ein beginnendes Feuer herausschlägt. Ein großer Haufe von Feld- und Wald-Früchten liegt zu Füßen dieses Males.)

Abel (mit dem Rücken gegen den Zuschauerraum gewendet, ist beschäftigt, das Feuer durch aufgelegtes Holz zu nähren. Ein leichter Rauch steigt empor).

Kain (kommt von rechts. Er bleibt seitwärts stehen und betrachtet lange Zeit den geschäftigen Abel, der sich fortwährend bückt, Holz auflegt, dabei Unverständliches murmelnd).

Kain (endlich, laut).
Hier also wär's?

Abel (fährt empor und wendet sich).
Ein Ort, der vielen gleichet.
Doch ist des Heil'gen Stempel aufgedrückt
Durch diesen Stein. — Soweit Dein Auge reichet
Wird doch kein gleicher mehr von ihm erblickt.

Kain (leise lachend).
Gestempelt hab' ich meine Rinderherden. —
Ist's nur ein Zeichen, das Dich so erhebt,

So schaff' ich Brüder Dir für den (auf den Stein
zeigend) auf Erden
Und mehr als das: die warmes Blut belebt.
Abel. Du reibst Dich spottend an ein sichtbar Zeichen
Und willst nur glauben was Du sichtbar siehst?!
Kain (auflachend).
Von Euch geschaffen!
Abel (mit einem Blick nach oben).
Jene zu erreichen!
Kain. Die zu erreichen Du Dich grausam mühst.
Du gleichst der Meise, die mit dürrem Reis
Die Stelle zeichnet, wo ein Nest zu bauen,
Und nun die Stelle sie gesichert weiß,
Beruhigt schläft in kindischem Vertrauen,
Und träumt und glaubt den schwersten Schritt
erledigt,
Indeß' der Hauch der Nacht das Reis zerweht
Und an der Stelle nie das Nest ersteht.
Abel. Doch hat ein an'dres balde sie entschädigt.
Kain. Ja, — wenn der Tausch Dich schwerer nicht
berührt, —
Gewiß! — Dann untergrabe alle Zeichen,
Die Du für Deine Träume aufgeführt;
Laß mit dem Thiere immer Dich vergleichen.
Abel (nähert sich ihm).
Warum verfolgt mich Dein beständ'ges Hassen?
Wir haben Blut, das Beide wir geerbt
Vom gleichen Vater. — Hat es Dich verlassen?
Ist meines, da Du's hassest, — so verderbt?
Kain. Geerbt, — geerbt! — Ein Wort, das nach=
zuschleppen
Durch eines Lebens Gänze, viel zu schwer!
Das führt den Geist auf unfruchtbare Steppen,
Lehrt ihn vergessen sich zu bilden mehr.

Das Wort ist greulich, denn es zwingt den
      Mächt'gen,
Unwissentlich ihn fesselnd an ein Band,
Daß ihm die Brust zu enge, — ach — um-
     spannt
Mit einem Schatten, den er scheut, — zu
      nächt'gen.
Abel. Und der Familie heißt? —
Kain.   Du kleiner Thor,
Der immer glaubt, daß nur um Euch sich drehet
Was schroff mir quillet aus dem Mund hervor
Und der, was fern ihm, nimmermehr verstehet. —
Das Wort: »Geerbt« bedeutet: Was ein Glied
Der Erben zeichnet, stets sich wiederfindet,
Die Andern in der Erbschaft Strudel zieht
Und Keiner lebt, der jener sich entwindet.
Bedeutet auch, daß ich in Dir mich sehe,
Wenn auch ein and'rer ist mein eig'ner Sinn
Und weit vom Pfade Deines Lauf's ich stehe.
— D'rum hass' ich mich, weil ich ein Erbe bin'. —
Abel (zurücktretend).
Und hassest mich?!
Kain.   Du hast es ausgesprochen.
Abel. Was that ich Dir, — was war's? —
Kain.   Du thatest nichts!
Abel. Die Wunde deck' ich, die Du mir gestochen,
Zu mit der Trübsal Deines Angesicht's.
Mein Leben ist von Jedem zu begreifen,
Nie that ich Böses, — meiner selbst bewußt
Versuch' gerade ich ein Ziel zu greifen
Nach strenger Regel, — Ruhe in der Brust.
Kain (wild).
Ja, wie Du schreitest habe ich empfunden. —
Verflucht die Regel, die die Wesen zwängt

Und sie so lange, bis ihr Glanz verschwunden,
In die naturzuwid'ren Bahnen drängt.
Weil regellos die schöne Welt sich weitet
Mit ihren Stürmen, ihrem Wogenschwall,
Mit ihren Funken in der Wolken Prall, —
D'rum ist nur häßlich was dawider streitet.
Nur ohne Zwang ist Athmen freies Leben,
Doch der, der Athem und das Leben mißt,
Der athmet, lebt mit fürchterlichem Beben,
Daß er der engen Regel nicht vergißt.
In eitler Schlankheit hast Du Dich gewunden
Durch jene Engen — und Du meinst zu geh'n, —
Und wenn Du weilst in vorgemeſſ'nen Stunden,
So meinst Du, — Stolzer! auch einmal zu
          steh'n!
Nicht Liebe, — Bangen hast Du so erwecket
Und nahmst die Liebe regellosem Mann,
Der an die Scholle dieser Welt gekettet
Nicht anderswo die Liebe finden kann.
Dein kalter Schatten traf den Neugebor'nen
Und malte vor ihm seine Einsamkeit, —
Nun schweift er spielend über den Verlor'nen
Und weckt im Herzen tiefste Bitterkeit.

Abel (näher tretend).

Ich, — Bruder! — ich?! Nein, nein, das that
          ich nimmer;
Nur leiten will ich wahrhaft und besorgt,
Daß Euch nicht lockt, verführt ein falscher
          Schimmer,
Der Eu'ren Geist zu seinem Dasein borgt.
Verführend nah'n in dunklen Einsamkeiten,
Durch Qualen süß und räthselhaft geliebt,
Gedanken, die 'gen alle Wahrheit streiten,
Die vor dem Dunkel endlich ganz zerstiebt.

Du liebst die Qualen wie erzeugte Kinder,
Weil sie alleine die Gesellschaft sind,
Du hegst sie stolz als ihres Seins Begründer,
In ihren Armen bettest Du Dich lind:
Versuche doch auch Helleres zu denken:
Die, die ich meine, neigen leicht sich zu,
Vergebung lächelnd und Verzeih'n zu schenken
Aus ihrer heit'ren ewig stillen Ruh'. —
Und wenn sie zürnen, wenn der Donner grollt
Und unter Dir die Erde bebend rollt,
Dann schreite zaghaft mit erhob'nen Händen,
Das droh'nde Unheil von Dir abzuwenden
Und die Gewalten wieder zu versöhnen.

Kain (mächtig).
 Wenn Männer schreiten, muß die Erde dröhnen!
   (Unwillig sich abwendend.)
 Geh' fort von hier. — Die Schwachheit ekelt
        mich;
 Und red' ich heute, kannst Du ferne bleiben.

Abel. O, Du beharrst?! — Ein Wehe über Dich!
 Wie kannst Du mich mit Deinem Wort ver=
        treiben?!
 Und dieses Wort, — Du hast sein Lob ver=
        kündet,
 Du wirst es sprechen — —? —

Kain —   Ja, — vielleicht.
Abel.   Warum
 Vielleicht nur? —

Kain. Ja. Weil Ihr es nicht ergründet,
 Und wenn Ihr's thätet, schaudern müßtet
        d'rum.
    (Mit grollender Stimme.)
 Aus Tiefen steigt's, — zu Tiefen kehrt's zurück;
 Nicht Sonne kennt es, keine falschen Sterne,

Die vor uns gaukeln näher eine Ferne,
Die nur umarmt ein trunk'ner Augenblick.
Abel (heftig). Und kann es das, was ich geseh'n, vernichten?!
Kain. Der Blinde sieht!
Abel (auf seine Brust zeigend). Verborgen ruht es da.
Doch auf die Stunde des Triumph's verzichten
Ist dem nicht eigen was ich jubelnd sah!
(Mit brennenden Augen, nahe an Kain.)
In fleh'ndem Denken lag ich in der Nacht,
Da fühlt' ich plötzlich mich dem Traum entrissen,
Den Donner hör' ich, wie er grollt und kracht
Und kampflich rufet in den Finsternissen.
Zerspalt'ne Wolken flattern um mich her,
Des Himmels Bläue mir zu offenbaren,
Und neuer Wolken ungezähltes Heer
Entringet sich aus festgeballten Scharen.
Es hebt die Erde sich den Wolken nach,
Die Wasser bäumen und in tiefen Klüften
Entfesselt ihr Gebraus ein Echo wach,
Das sich verfältigt in den wilden Lüften
Und als ein Donnern an mein Ohr ertönt
Mit Rufestimmen, die mich schüttelnd mahnen,
Daß das, was ich mir oft im Traum ersehnt,
Erfüllen sollte mein begehrend' Ahnen.
Ich schaute, — schaute, — Bruder, Eltern, Welt! —
Ihr müßt es hören, um den Staub zu lecken,
Der von den Höhen dieser Hohen fällt
Und den als Erde wir auf Todtes decken,
Auf todte, scheußlich grinsende Natur,
Die die nur äfft, in ihren Schlund zu steigen,
Die fühllos geh'n auf ausgetret'ner Spur
Und mit dem Finger nach der Tiefe zeigen:

Das wär' die Welt, — dies thierische Ver-
modern,
Dies taube Hören auf den Grabgesang,
In dem der Dumpfheit nied're Flammen lodern,
In der wir schreiten den gewohnten Gang?
Ich sah die Welt, die wahre, einz'ge, hohe,
In reiner Bläue ober meinem Haupt,
Der dieser Erde urgemeine Lohe
Nicht einen Schimmer ihres Glanzes raubt.
Alleine schwebend in der hohen Ferne
Ersah ich Wesen, die den Menschen gleich,
Doch deren Augen strahlenreiche Sterne
Und deren Welt ein unbegreifbar' Reich. —
Ich fiel auf's Knie, ich kämpfte mit dem Staube,
Der mich zum Moder und den Klüften rang,
Und der schon Dich zu einem lust'gen Raube
In seiner Tiefen Dämmerungen zwang.
Ich kämpfte mit den straffsten Adern,
Die je Verzweiflungskraft besaß
Und unser himmelstürmend Hadern
War welterschütternd, — ohne Maß.
Aber von den höchsten Höhen
Schollen Stimmen, — klangen Töne,
Und in überird'scher Schöne
Konnt' ich die Gewalten sehen;
Sah ihr Lächeln, sah ihr Winken,
Den unsterblich hohen Lohn,
Den sie ihrem Erdensohn
Gaben mit dem Schall zu trinken.
Grelle Blitze stoben nieder
Auf der Widersacher Schwarm,
Rissen sie aus meinem Arm
In der Klüfte Tiefen wieder.
Und ich fühlte mich getragen
Vor ein mildes Angesicht,

Dessen sonnenhelles Licht
Lieblich mir begann zu tagen.
»Ewig bist Du, — ewig!« klang es
Da an mein entzücktes Ohr,
Und um mich im hellen Chor:
»Ewig, — ewig, — ewig!« sang es.
Aber wehe, plötzlich gellte
Mir verändert jenes Wort,
Schleuderte mich weiter fort,
Bis zur Erd' ich mich gesellte.
Dunkle Brauen sah ich schnelle,
Die sich furchten wild im Zorn
Und des Mondes lichtes Horn
Schien zu bergen seine Helle. —
»Wehe« — klang's »dem Trotzgemuthen,
Der uns Haß entgegenschnauft,
Nicht zu theuer ist erkauft
Dessen Heil mit Feuersgluthen!«
Und ich sank, erwacht' zum Leben.
Botschaft trag' ich, die mich heißt,
Ueberall, wo Feuer gleißt,
Ihm die Trotzigen zu geben. —
Läutern nicht der Seele Flammen,
Wohl, so soll's des Feuers Macht,
Bis in ehrfurchtsvoller Pracht
Sie dem Feuer neu entstammen!
Sieh' die Lohe! — Lockt sie, — winkt sie
Wirbelnd nicht zum Himmelszelt?
Und vor ihr die dumpfe Welt, —
Wie erschaudert, wie versinkt sie!
Erde, Erde, — Himmel, Himmel!
Welch' ein helfendes Gewimmel
Drängt und schiebt sich zwischen Euch,
Komm' in meines Arm's Bereich!

Stähl' ihn, daß er niederschlage
Und durch Gluth zum Himmel trage
Was in Trotz und stolzem Streit
Leugnet Deine Ewigkeit!
(Er steht mit flackernden Augen vor Kain.)
Kain (nach einer Pause mit dumpf grollender Stimme).
Sah'st Du was Dich aufgerichtet,
Wenn auch nur in Fiebernacht,
Sah ich, was erträumte Macht
Wie mit Keulenschlag vernichtet;
Aber nicht von Phantasieen,
Nein: von Geist und Hirn erfaßt,
Hör' auf meines Innern Gast:
(Geheimnisvoll.)
— Schwarze Schatten sah ich fliehen — — — —
(Er bricht plötzlich ab. — In der Ferne erscheinen auf den Hügeln Adam und der Wanderer, die bei Kain's letzten Worten sichtbar geworden sind. Während Kain dies spricht, bleiben Beide stehen und der Wanderer weist mit mächtiger, gebieterischer Geberde auf den Horizont. — Kain steht stumm da.)
Abel. Stockt das Wort Dir in der Kehle?
Lügner, — spinnst Du weiter nicht
Was Du meinem Angesicht
Willst verbergen in der Seele?!
Kain (greift an seine Stirne).
Ist mir aus dem Kopf geschwunden
Was ich hegte vollbewußt
In der traurig stummen Brust,
Da ich's endlich aufgefunden? —! —
Abel (triumphierend).
Nie gewesen! — Nie verloren!
Kain (wild).
Bleicher Träumer!

Abel.   Lügner Du!
Scheuch' ich Dich aus dumpfer Ruh'?! —
Kain. Geh zu dem, der Dich geboren!
(Er reißt in blinder Wuth einen Feuerbrand aus dem auf dem Male lodernden Scheiterhaufen und schlägt Abel nieder. — Dieser fällt schwer und stöhnend auf den Rücken, mit den Händen in die Erde krallend. — Adam eilt über den Felsen herunter und kniet an Abels Seite, bemüht, dessen Kopf zu heben. — Der Wanderer steigt langsam herunter. Kain steht regungslos, den Brand in der Hand.)
Adam (mit erstickter Stimme).
Du mußt leben, Abel, — leben!
Schließ' die Augen, Lieber, nicht!
Weh, — es furchet sein Gesicht
Ein verzerrendes Erbeben.
Schwarze Schatten seh' ich sinken,
Auf der Wangen blüh'ndes Roth! —
(Er beugt sich entsetzt zurück.)
Das ist grauser, schneller Tod,
Der sich naht sein Blut zu trinken!
(Von links eilen auf die Scene: Jethro, Gea, Erda, allen voraus Eva.)
Eva. Einer Stimme hört ich gellen
Schneidenden Verzweiflungsschrei — —
Adam, — weh, — es ist vorbei
Und versiegt die Lebenswellen?!
(Sie kniet neben Adam und nimmt Abels Haupt in ihren Schoß. — Dann nach einer Pause, leise zu Abels Haupt sprechend, mit der Hand sanft über dessen Stirne streichend.)
Sieh' — es sind die Mutterhände,
Die Dich streicheln, die Dich kosen.

Mir entsproß'ner Körper, spende
In die Wangen rothe Rosen;
Bist entfremdet der Berührung
Du im Wechsellauf der Zeiten? —
Weh' der menschlichen Entführung,
Die Dich trieb zum Vorwärtsschreiten!
Konnt' Dich einst mein Blut ernähren
Und mein Leben war das Deine, —
Freud= und fühllos wie die Steine
Kann ich nichts mehr Dir gewähren!
Leises Lispeln nur vermag ich
An Dein taubes Ohr zu senden
Und in meiner Ohnmacht zag' ich
Mir Dein Angesicht zu wenden.
Schlumm're denn, wenn's so verhänget
Ist, im treuen Mutterschoße,
Den's zu lindern, — helfen dränget
Seines Kindes Schmerzenlose.

Jethro (über Abels Körper geworfen).
Hingefället ist die Eiche
Unglücksel'gstem Erdenweib;
Dieser Körper ist, der bleiche,
Jethros Seele — Jethros Leib!

(Erda kniet still schluchzend an einen Felsen gelehnt;
Gea steht stumm da, ihr Busen wogt stürmisch.)

Adam (voll erregter Spannung das Antlitz Abels
beobachtend).
Ha, — es schlagen seine Lider
Zitternd sich zum Himmel auf.
Siehst Du Deinen Himmel wieder,
Sprich, — was weist der Sterne Lauf? —!

Abel (schlägt langsam die Augen auf, mit leiser,
schaudernder Stimme.)
Nacht um mich und — dunkles Grauen.

Adam. An des Todes Pforte Du?!
Kannst das Ew'ge Du nicht schauen?! —
Abel (zurücksinkend).
Ew'ger Schlummer, — eis'ge Ruh'! —
(Er zuckt und stirbt. — Eva schließt seine Augen.)
Adam (wirst sich mit einem wilden Schrei über die
Leiche.)
Meine Säulen — eitle Trümmer!
Gea (richtet sich heftig auf, die Hand gegen den regungs=
losen Kain ausstreckend).
Siehst Du Deine grause That,
Die verklärt von blut'gem Schimmer
Krönte Deine böse Saat?! —
Blutig dampfen Deine Hände
Und als Zeugnis für Dein Wort
Warfst Du jenen Todten dort
In das ungewisse Ende.
Du Verfluchter, — Du Vernichter,
Meide mit dem wölf'schen Blick
Uns're thränenden Gesichter,—
Geh' zu Deiner Brut zurück —!
(Eva ist langsam aufgestanden und gebietet mit aus=
gestreckter Hand Gea Schweigen.)
Eva (mit tiefer Stimme).
Halt! Wenn bitt're Flüche hallen
Sollen, — nur aus meinem Mund
Soll ihr Donnergrollen schallen
Ueber unser Erdenrnnd. —
(Die Hände gegen Kain ausstreckend.)
Der Du trenntest was vor Zeiten
Mit Dir schlief im gleichen Schoß,
Das bestimmt durch gleiches Los
War, mit Dir den Weg zu schreiten,
Der Du brachst die festen Säulen,

Die die Welt hat aufgebaut,
Denen selbst der Wolf vertraut
Und sie stützt mit wüth'gem Heulen,
Der Du warf'st in's Ungewisse
Diesen Leib der Erde zu, —
Tauche in die Finsternisse
Deines eignen Geistes Du! —
Wandle, walle, — bis Du nimmer
Hörst der Mutterstimme Laut,
Dich nicht mehr die Sonne schaut
Mit verängst'gtem, blassem Schimmer. —
Flüsse sollen mächtig dröhnen
Zwischen uns und Berge steh'n,
Daß wir nichts von Deinem Fleh'n
Hören und von Deinem Stöhnen. —
Wandle, — walle! — Schlagt ihr Riesen
Uns'res Waldes eu're Kron'
Bergend, hüllend scheu um diesen,
(In wildem Schmerz ausbrechend.)
Denn den Sohn erschlug der Sohn!

(Es ist unterdessen vollkommen Nacht geworden; nur die Sterne leuchten hell und strahlend.)

Kain (dumpf, die Hand vor die Stirne schlagend).
Mutter, Mutter, halte ein!

Erda (wankend, mit ersterbender Stimme, manchmal in unarticulirte Laute ausbrechend — mit wogender Brust).
Kannst Du, Mutter, — also sprechen
Bei der hellen Sterne Schein?
Siehst Du seine Glieder brechen? —
Von des Vaters — Leiche wanke
Ich zu meines Glückes Grab, —
Hierhin — dorthin — sieh: ich schwanke — —
Zög' es doch auch mich hinab!

(Allmälig mit starker Stimme und brennenden Augen.)
Wetterleuchtend tief im Innern
Aber steigt es auf um mich,
Daß ein seliges Erinnern
Nicht aus meiner Seele wich;
Und des Frevels Maß zu mehren,
Treibt es — treibt es mich von Euch,
Jenem Frevler zu gehören —
Und ich fühl mich diesem gleich! —
(Sie steht vor Kain.)
Kain (ausbrechend, mit einem Schrei).
Treibt Dich zu mir, dem Verfluchten,
Wiederwachende Natur,
Die zu fesseln sie versuchten,
Daß befreit sie stärker nur?!
Gea (schreiend).
Erda — Erda!
Erda (mit wilden Blicken um sich schauend).
Flüche, brechet
Donnernd über mich herein,
Mir erschallt es, wenn Ihr sprechet,
Wie ein Hohn auf alles Sein!
(Sie starrt auf den Boden und weicht einen Augen=
blick entsetzt zurück.)
Bäche fließen, blutig rothe,
Trennend zwischen Dir und mir, —
Dort die Wahrheit, — hier der Todte, —
Und ich springe — und bin hier! —
(Sie ist über einen eingebildeten Bach gesprungen und
sinkt ohnmächtig zu Kain's Füßen nieder. — Kain
beugt sich über sie.)
Gea (wie oben).
Erda, — Erda! —

Kain (sich emporrichtend.)

Deine Klage
Tönet nur zu ihrem Ohr
Wie vergess'ne, finstre Sage,
Die der Haß heraufbeschwor.

(Er wendet sich gegen Eva.)

Ungewolltes ist geschehen:
Funken sprühten aus der Nacht,
Die von keiner Hand bewacht
Ferne jedem Willen stehen. —
Doch Ihr fluchtet! — Und erwidernd
Muß ich halten meine That,
Mich zu einem Blitz erniedernd,
Als die Erndte Eu'rer Saat. —
Liegt auf seiner Lippen Bleiche
Nicht des Hohnes scharfer Zug,
Jubelnd, daß den Zielesflug
Ich mit blut'ger Hand erreiche?! —
Hab' ich nicht die Flammengarben,
Die er lodernd von sich gab,
Rückgemeistert in ihr Grab,
Daß sie mit dem Grabe starben?!
Denn er war das Grab der Erde
Und der Schatten dieser Welt,
Die er zu vergessen lehrte,
Was den Busen höher schwellt.
Dämmerung — wohin ich blicke —
Warf er mit der kind'schen Hand;
Nun entschwand
Was zu schau'n uns zwang zurücke.
Wie der Erde wahre Triebe
Er erstickt',
Hat er, Mutter, — Deine Liebe
Mir entrückt!

Mit dem Seelenzwang der Gluthen,
Die er sah,
Hat gewagt er wegzufluthen,
Was uns menschlich war und nah,
Um ein Liebesnetz zu spinnen
Um sich her
Und vor dem auch kein Entrinnen,
Liegt auch stumm und ruhig er!
Sieger, — Sieger allerorten,
Reckt er auf,
Fehlt es ihm an finst'ren Worten,
Seine Stirn' zum Sternenlauf! —
    (Er tritt zurück.)
Wandle, — walle?! — Ja, ich meide
Eu'ren Kreis,
Doch ich weiß,
Daß ich qualvoll von Euch scheide;
Denn da ich den Schatten legte
Kraftlos auf den Plan,
War es, als ob er bewegte
Sich nun fort auf meiner Bahn —
Und mir flammt von seinem Finger,
Der die Stirne mir im Strom der Luft berührt,
Eine Wunde, die mich führt
Zu dem Kreis der Friedensbringer.
Wälder ihr und Berge dorten
Hauchet Frieden sanft um mich,
Zeigt, ob ihr zum Fluch geworden
Seid für mich! —
Aber nicht für mich alleine,
Denn ich bin nicht mehr allein,
Denn wir werfen ja zu zwei'n
Uns're Schatten auf die Steine. —
(Auf seinen und Erdas verschlungenen Schatten weisend.)

Wie verschlungen! — Einer stille,
Doch der and're machtbewegt, —
Ja, das ist der große Wille,
Der im Busen der Natur sich regt.
Allvertrauend, über Leichen,
Springt der Liebe Machtgebot
Und der Tod
Kann nicht seine Kraft erweichen. —
Wandle, — walle?! — Komm, Geselle,
(Er hebt Erda langsam auf.)
Schatte mich mit Deiner Ruh',
Menge Deine Lebenswelle
Meinen Stürmen Du! —
(Er hat Erda auf beide Arme gehoben und blickt nach
oben.)
Hohe, todte, — finst're Ferne,
Die Du schweigst,
Heller Glanz der Himmelssterne,
Der Du neigst
Hoffnungsspendend Dein Geflimmer
Ueber mich, —
Wir, — beglückt durch Deinen Schimmer,
Grüßen Dich! —
(Er hebt Erda kräftig zu den Sternen empor und geht
rechts mit ihr schnell ab.)
Hinter der Gruppe mit Abel's Leiche steht auf einem
Felsen der Wanderer, der langsam während der Scene
herabgestiegen ist, und breitet seine Hand über die
Leiche. —)

Ende der I. Abtheilung.

II. Abtheilung:

Kain.

Auftretende Personen:

Kain
Erda
Ein Greis
Ein älterer Mann
Ein kräftiger Mann
Ein Jüngling.

Eine Greisin
Eine Matrone
Eine blühende Frau
Ein Mädchen
Ein Gefesselter

I. Scene.

(Meeresküste; gegen den Hintergrund zu steil nach abwärts abfallend. — Schroffe, zerklüftetete, gigantische Felsen. — Aufsteigend rechts ein Wald aus tausendjährigen Stämmen, die vermorscht und theilweise gestürzt sind. — Felsentrümmer liegen überall herumgestreut. — Vom Meere sieht man nichts, denn dichte Nebel wallen über demselben, nur undeutlich ragt aus diesen eine gigantische Felsenmasse des Ufers. — Man hört das Brüllen der Brandung. — Es ist Nacht. — Gewitter. — Schwarze, seltsam geformte Wolken jagen am Himmel. — Heftiger Regen, Sturm, Donner und Blitze; anfangs in kurzen Zwischenräumen, später abnehmend.)

Kain (rechts oben hinter der Scene, rufend).
 Erda — wo?!
Erda (ebenfalls hinter der Scene. Ihre Stimme tönt
  schwach durch den Sturm).
   Ich lieg' zu Deinen Füßen.
Kain (hinter der Scene).
 Leuchtet, Blitze! — Donner schweige still,
 Daß ich lauschen kann dem Klang, dem süßen,
 Trauter Stimme, die verlöschen will.
Erda (hinter der Scene).
 Sieh', — da bin ich!
Kain (hinter der Scene).
   Dieses weiße Leuchten
 Kam von Dir?

Erda (hinter der Scene, stärker).
          Ach, — wie ein Flockenschaum,
Der entschnellt dem Wellenschoß, dem feuchten,
Fortgestäubt in ungemess'nen Raum,
Lag ich hilflos — —
Kain (hinter der Scene).
                Schlinge Deine weichen
Arme fest um Brust und Nacken mir;
Kann mein Blick des Pfades End' erreichen,
Wird mein Fuß nicht straucheln unter Dir.

(Kain wird rechts oben zwischen den Felstrümmern
sichtbar, Erda halb tragend, halb führend).

Kain (bleibt oben stehen).
 Ende Du von uns'rer wilden Straße,
Sei gegrüßt aus arbeitsschwerer Brust,
Der Du oft in unerhörtem Maße
Hemmtest, — ach, — des Athems bange Lust.
Lasset, Blitze, auf die Erde fallen
Dem entwöhnten Auge wieder Licht,
Doch verstummen, Donner, lass' Dein Schallen,
Denn mein Ohr verträgt das Dröhnen nicht.
        (Er steigt langsam mit Erda nieder.)
Dröhnt mir doch durch meiner Adern Schlagen
Noch der Donner von geruf'nem Wort,
Und Du scheinst ein Echo mir zu tragen
An des Friedens lang gesuchten Ort.

(Er blickt umher und steigt mit Erda immer tiefer
           herab.)

Frieden! Ach Du Wort mit bleichen Schwingen,
Schatte klärend wieder meine Stirn
Und versuch' mit leisem Gang zu bringen
Tief in's aufgepeitschte, heiße Hirn!

(Er drückt Erda fest an sich.)

Soll ich ewig Dich vergeblich fassen
Und Dein Frieden soll versagt mir sein?
Meinen Antheil mir zu überlassen
Gäbst Du gerne ja was Alles Dein!

(Er hat Erda auf einen Felsen gesetzt und ist heruntergestiegen.)

Schreit und schäumt entgegen dem Verehrten
Auch in Sehnen mein ermüdet' Blut,
Seh' ich immer wieder den Begehrten,
Wie er stolz in fern'ren Fernen ruht.
Und ich schau' sein menschliches Gebahren,
Schaffend menschlich ihn vor meinem Blick:
Wie er sorglich strebt sein Haus zu wahren,
Das er zieht vor meinem Schritt zurück.
Wenn ich weile, — spielt sein Trosteswinken
Zitternd über jeden Sonnenstrahl,
Wenn ich schreite, — läßt den Strahl er sinken
Und die Sonne steigt vor mir zu Thal.
Und ich schreite weiter, weil ein Hoffen
Menschlich ahnend mir die Brust bewegt
Und mein Herz, von jenem Strahl getroffen,
Die Erfüllung seines Wunsches hegt. —
Und ich stehe, — und der Arge säumet,
Und ich schreite, — und er flattert mir voran,
Und ich eile, — und der Glanz verträumet,
Und ich sinke, — und er lacht mich an.
Und ich schöpfe so mit meinen Händen
Aus dem Meere der Beständigkeit,
Und aus meiner Qual, das Spiel zu enden,
Grinst mir höhnisch die Unendlichkeit!

(Er sinkt ermattet auf einen Felsblock.)

Erda (ruhig von ihrem erhöhten Sitze aus zu ihm
 niedersprechend).
Ringer Du mit Deinen stolzen Banden,
Die Dich fesseln an's Vergang'ne an,
Lös' die Glieder, die sich schmerzvoll wanden,
Und entschlüpfe als ein starker Mann.
Greife, was Du ahnst, mit kühnen Händen,
Deine Augen hülle länger nicht,
Such' den Nacken nimmer abzuwenden,
Dem, was furchtbar Dir im Herzen spricht.
Kain (schaudernd, sich halb von seinem Sitze erhebend).
Kannst Du, Seh'rin, mir im Herzen lesen?! —
Fühlst, wie Kain sich windet und sich biegt
Wie der Baum, der markesvoll gewesen,
Aber nun der starken Axt erliegt?
Erda. Theil' ich mit Dir Leben, Leib und Liebe
Und Geheimes, was in mir sich regt,
Deutlich' Denken, dämmerhafte Triebe, —
Alles, Alles, was mein Blut bewegt:
Sollt' der Theilung Recht ich wohl vergessen,
Das da fordert Widergaben ein
Und im schwachen weiblichen Vermessen
Denken, — glauben, Alles Dir zu sein? —!
Glauben, daß Dir meine besten Gaben
Nur das Einz'ge und das Höchste sind?
Nein, — von Dir auch meinen Antheil haben
Will ich, — wär's ein Blättchen auch im Wind.
Aber sieh', — ich bin bereichert worden;
Nicht ein Blättchen flog allein mir zu,
Nein, mir trieb ein wilder Sturm von Norden,
All' Dein Laub in meine stille Ruh!
Staune, zage; — doch es ist geschehen
Und es kam durch das geheime Band,
Das wir lieben, aber nicht verstehen,
Das uns führte über Fluß und Land.

Kain. So vereinigt dachte ich Dich nimmer
Und ich schaud're, muß ich an Dich seh'n:
Bist Du Erda, bist auch Kain Du immer
Und mein Denken seh' ich in Dir steh'n.

Erda (steht langsam auf).
Heil dann ruf' ich, wenn der auf sich richtet,
Den ich trotzig — muthig einst genannt, —
Und die neue Welt sich wacker dichtet,
Da die alte er ja doch verbannt!
Seh' sie wieder, die Entsagungsblicke,
Nur gerichtet auf ein and'res Ziel,
Hör' das Hämmern an der neuen Brücke,
Die sich höher, — stolzer wölben will.

Kain (hingerissen).
Auf die Brücke setz' ich meine Schritte,
Setzte schon sie, aber noch verzagt, —
Und ich stehe auf der Wölbung Mitte
Während rings das Dunkel mich umragt. —
Aber jenseits dieser stolzen Bogen
Glänzt es sumpf'ger noch, als wie zuvor,
Daraus lockt es — und mein will'ges Ohr
Wird, — verweil' ich — grauenvoll betrogen.
Aber wag ich's spürend nachzuschreiten,
So umfängt das Dunkel lüstern schon
Den verweg'nen armen Erdensohn
Und es läßt mich in den Abgrund gleiten.

Erda. Nicht des Abels Brücke sollst Du bauen,
Muth'ger Kain; Dein Inn'res reiße auf
Und in kalte, bitt're Wahrheit schauen
Sollst Du nun in unverzagtem Lauf.
Schrecklich ist nur was verborgen dräuet,
Wie der Himmel, der gewittervoll,
Langsam schreitend sich zu donnern scheuet,
Aber nimmer, wenn der Donner scholl.

(Das Gewitter wird heftiger, der Regen fällt stärker
und rauschend herab.)
Kain (steht einen Augenblick bewegungslos: dann fällt
er plötzlich auf sein Angesicht zur Erde).
Ich erkenn' Euch! —
(Dann erhebt er sich und blickt halb aufgerichtet wild
um sich.)
Riesle, Zufallssegen,
Denn Du weißt nicht, ob Du heerend schwemmst
Oder fruchtend als ein milder Regen
Langes Siechthum dieser Erde hemmst!
Schlinget, Blitze, en're Feuergarben
Um der Bäume stolzestes Geäst,
Bis sie brennen, willenlos verdarben,
Was sich wehrlos von euch schützen läßt!
Ich erkenn' Euch! — —
In geheimem Nagen
Seid an Abels Leiche ihr genaht
Und ihr rächet durch des Herzens Schlagen
Die ihr saht, die blut'ge Todesthat.
Sahet zu, doch wolltet ihr nicht wenden
Die ihr führtet, meine schnelle Hand,
Lust nur war's, durch einen Ander'n enden
Eines Lebens Euch verfall'nes Band.
Triumphirend durch des Sturmes Wehen
Müßt ihr lachen, wenn das Herz zerreißt;
Und den Zweifler seht ihr vor Euch stehen,
Den das Dröhnen Eurer Stimmen weist.
Weiset durch die wilden Wasserfluthen
Euer Wesen, das das Sein verheert,
Weiset durch die wilden Feuersgluthen
Eu're Freude, die die Welt verzehrt! — —
— — Ein Erkennen sei ein süß' Erblassen
Eines Wahnes, der nach Wahrheit strebt,

Sei ein Ahnen, das, ein Licht zu fassen,
Mächtig in der dunklen Seele lebt.
Blüthen biegen sich dem Licht entgegen
Und es zittert, wenn die Knospe sprang,
Edler Klarheit farbenreicher Segen
Durch die Luft mit leisem Jubelklang.
Ich, — ich blühe auch im Licht der Wahrheit,
Ein Erkennen gehet von mir aus;
Doch beklag' ich diese meine Klarheit,
Denn sie brachte Dämm'rung mir und Graus. —
Kain ist Euer! — Seinen stolzen Nacken
Könnt Ihr sehen unter Eu'rem Fuß,
Mit der Macht des stolzen Herrn zu packen
Den erschlafften, — ist der Herrengruß!
Eu're Finger malen auf den Wegen,
Die ich wandle, — einen Todesblick,
Eu're Hände halten mir entgegen
Von der Menschheit ein verwüstet' Stück;
Euer Athem fachet meine Träume
Zu der Qualen allergrößte an,
Eu're weiten stolzen Himmelsräume
Drückt ihr wuchtig auf den ärmsten Mann! —
    (Er wirft sich verzweifelt zur Erde.)
Erda (geht langsam auf Kain zu).
  Kain, — Du suchst den Kampf mit Deinen
                           Schmerzen
Immer nur im Dunkeln auszuringen,
Lässest nie aus Deinem armen Herzen
Einen Schrei zum Lichte aufwärts dringen;
Siehst die Schatten nur im Sonnenscheine,
Nie den Glanz, der mächtig sie umwebt
Und als Stärk'rer darum auch alleine
Für das Auge aufzunehmen lebt.
Dein Erkennen übermächt'ger Hände
Wirft sich schattend über Dein Gesicht,

Daß Du, stehend an der Lebenswende,
Diese Wende kannst erkennen nicht.
(Sie kniet neben ihm und legt ihre Hände auf sein
Haupt.)
War's ein Zorn, der uns die Blüthen schenkte,
Die Dein Auge schon so oft erquickt,
Ein Vernichten, das die bunten tränkte
Und sie stärkte, daß kein Wind sie knickt?
Strömte Rache ihres Athems Wehen,
Da er mich in Deine Arme trieb?
Ihre Träume sandten das Verstehen
Deines Wesens, dem geneigt ich blieb.
Ihre Sonne nahm vor ihrem Finger
Deines Leibes Art und Formen an,
Als ein unbewußter Liebesbringer
Ließ sie schauen den geliebten Mann.
Kain, — das Liebesströmen, das hinüber
Zu Dir leis aus meiner Seele zog,
War's ein traur'ger Waldesstrom, ein trüber,
Ueber den das Tannendüster flog?
Oder glich es, — gleicht es holdem Spiegel,
Den der Wellen lock'res Netz umzieht,
Wenn des Lebenswindes sanfter Flügel
Ober ihm in leichter Regung flieht?
Aus den Wolken, die Dir drohen, — scheinet
Meiner Ruhe helles Mondesbild, —
Unter ihm ein Flimmern, das vereinet
Dunkle Fluth zu rückgestrahltem Schild.
Lebensfroh vom Monde angezogen
Blick' als gleicher aus dem Wasser Du
Und aus unsrer Liebe mächt'gen Wogen
Lächle Du, mir gleich, nach oben zu.
(Sie streicht über sein Haupt.)
Spiegelt, Wellen, — lasset euer Rasen,
Das euch stets zur Oberfläche quält.

Kain (langsam den Kopf emporhebend).
Ja, — das Leben gleicht den Mondesphasen;
Nur die vierte, — die sich rundet, — fehlt.

Erda. Alles schwindet, was am Glanz sich labte,
Und was reifte, — blühet nimmermehr;
Hin zur Erde sinkt auch müd und schwer
Der mit Kraft, den Glanz zu seh'n, Begabte.
Nimmer rundet, wenn das Leben raubte,
Seine Kreise der verblühte Mond,
Doch es lebt der Kreis, an den er glaubte, —
Dieser Glaube hat sich selbst belohnt.
Denn er führt die matten Wirklichkeiten
In die Länder süßen Traumes hin,
Was nicht ist, das läßt er nun begleiten
Seinen kargen, allzuengen Sinn. —
Keine Grenzen mehr für Menschendenken,
Ein Vergessen für des Lebens Schluß,
In's Besteh'nde nur ein Sichversenken,
Das im Glauben sich bescheiden muß.
So verlebt ein and'res, schön'res Leben
Jeder, der dem Strom des Lebens traut,
Wenn ihm auch ein anderes gegeben,
Das verschleiert aus dem Dunkel schaut.
Aermlich ist des wahren Lebens Richtung
Und vergrämt sein kurzer Faltertag, —
Herrlich ist das Leben unsrer Dichtung,
Feuermuth ist seiner Pulse Schlag!
Wahrheit ist es, daß die Blumen modern,
Wahrheit, daß der stolze Baum verdirbt,
Daß die Flammen, die erwärmt — verlodern,
Daß das Fleisch, das sprach und dachte, —
        stirbt.
Aber kühne Augen sehen nicken
Stolze Bäume für die Ewigkeit,

Sehen nur der Blumen buntes Blicken,
Nur des Menschengeist's Erhabenheit;
Bau'n aus prunkumglänzten Todeskeimen
Einen Traum, der in die Lüfte schnellt,
Und sie sehen, lebend nur in Träumen,
Eine ew'ge, — sonn'ge, — wonn'ge Welt!
Kain (sich aufrichtend, mit in Hoffnung strahlenden
Augen).
Führen wirklich uns die Unsichtbaren,
Süß uns täuschend, über wilden Pfad,
Bitt're Kenntniß bis zum Ziel zu sparen,
Das uns stätig, furchtbar sicher naht,
Heil! dann ruf' ich den verhüllten Händen,
Die entnebeln nur den nächsten Schritt,
Die die Lust am nächsten Bilde spenden,
Zeiten hüllen, die da ziehen mit. —
Von der Hoffnung mildem Strahl getroffen
Wandelst Du in heit'rer Ruhe schon,
(Sein Blick erlischt plötzlich.)
Warum aber ist für mich kein Hoffen,
Warum quält mich der verfluchte Sohn?!
Erda (wendet sich schweigend ab).
Kain. Weiß es, — weiß es! — Meiner Thaten Strafe
Scheucht die Täuschung stäubend vor mir her
Und im Wachen und im tiefen Schlafe
Seh' ich nur der Wahrheit Schatten mehr. —
Herren sind sie und der Herren Rechte
Sind die Strafen der Gerechtigkeit, —
Doch es schreitet und verrinnt die Zeit
Und noch immer grollen sie dem Knechte?
Ew'ge Wirrniß! — Abel's rothe Wunde
Klagt ihr Walten stumm und bitter an,
Denn das Lob für sie aus seinem Munde
War der Frevel, den er mir gethan.

Fiel er nicht von ihrer Hände Schütteln,
Das die Waffe mir gerecht geführt,
Warn's die Schläge nicht von ihrem Rütteln,
Die ich treibend in der Brust verspürt?! —
Abel's Strafe?! — Daß er mich vernichtet,
Mich verfinstert unter ihrem Licht?
Diese Hand, die strafend da gerichtet
Ist dieselbe, die mich strafet, — nicht!
Erda (beugt ihr Haupt tief auf die Brust).
Unerforschlich ist ihr Ziel auf Erden
Und die Frage bäumt umsonst sich auf;
Fragen nicht, um nicht gefragt zu werden
Sei der Menschen dumpfer Lebenslauf.
Kain (starr in die Ferne sehend).
Horch, — da klingt es! — Lang vergess'ne
Worte,
Die mir schnitt ein Todter höhnend ab,
Die ich rufen wollt' am and'rem Orte,
Steigen, klingen wie aus einem Grab.
(Er steht bewegungslos da, auf die Stimmen in seinem
Innern lauschend.)
Leben — muß — vom Leben — sich erhalten,
Was da schwindet, — stirbt — und modert nur,
Um zu neuem Sein sich zu entfalten;
Neues fehlt der kreisenden Natur.
Tropfen fallen und sie steigen wieder,
Sich verflücht'gend vom getränkten Plan,
Nebel sammelnd steigt es himmelan
Und als Tropfen sinkt es später wieder.
Uns're Füße treten todtes Leben,
Das in Ruhe harrt des Sonnenstrahl's,
Um sich neu verjünget zu erheben
Zu der Freude kurzen Lebensmahl's.
Dieses Kreisen zwingt die neuen Keime
Fortzuwandeln auf gegeb'ner Bahn,

Das Gewes'ne, Todte und Geheime
Schwillt zum Schrecken für das Leben an.
Was gewesen haftet am Geschlechte,
An dem Blute, an der gleichen Art,
Dräuend hebt dem Enkel es die Rechte
Und das Ende bleibt ihm nicht gespart.
Erben sind wir, — die sich mühend winden
'gen der Erbschaft schauerhaften Lohn,
Fester scheint die Mühe uns zu binden
Und die Freiheit winkt als bitt'rer Hohn.
Schuld'ge Strafe, die die Unsichtbaren
Wüthend in die Erde schlossen ein?! —
Wollten ihre Art sie aufbewahren,
Stets im Wandel wandellos zu sein?!
Frühlingsbringer haften nimmer gehrend
An der Einheit ihrer stolzen Macht,
Dem Beschenkten würde nur verheerend
Scheinen dann der Frühlingssonne Pracht.
Neidespflanzen würden ihm erstehen
Und vergiften das Gefühl des Recht's,
Da er nicht die Strafe kann verstehen,
Die die Reinen fället des Geschlecht's.
Wer erzürnte durch ein Unerhörtes,
Bis sie strafte, jene Herrscherhand?
Ach, ein Wesen war's, ein wahnbethörtes,
Das gewoben jener Erbschaft Band. —
Thiere, — Bäume, — Blumen? — Ach, die Armen
Streben fromm und ohne Regsamkeit,
Bis die Zeit, die Arme an Erbarmen,
Sie entläßt aus sicherem Geleit. —
Menschen nur! — Denn diesen ist gegeben,
Aus des Busens Enge eine Welt,
Aus Verblühtem immer neues Leben
Aufzurichten, bis der Bau zerschellt.

Ziele fassen sie im kleinen Hirne,
Die sich sträuben in Unendlichkeit,
Und zerschmettert bieten sie die Stirne
Noch den Schatten droh'nder Ewigkeit!
Mein Geschlecht und Deines! — Wer der Hebel,
Der sich mühte, bis die Strafe kam,
Die vernichtend wie ein gift'ger Nebel
Uns das Leben der Gewalt'gen nahm? —
Eva nimmer! — Wie des Berges Spitze
Schaut sie still den rückgelegten Pfad
Und sie scheucht von ihrem hohen Sitze
Den verfluchend, der auf and'rem naht.
Wissenswerthes hat sich ihr vollendet,
Ihres Herzens Blüthe ward die Frucht,
Die ein And'rer, von der Welt geblendet,
Heißen Herzens auch zu tragen sucht. —
Aber an den Früchten zu erkennen
Ist der Keim, der lebte, wuchs und war;
Manches Zeichen weiß den Keim zu nennen:
Eva's Zeichen strahlet hell und klar. —
Adams Suchen, Tasten nach der Wahrheit,
Die gefunden neues Suchen raubt,
Ist die Stätte der verlass'nen Klarheit,
Die den Stimmen seines Busens glaubt;
Wüßt' er schuldig sich, — er würde weinen,
Staub bedeckte sein verwühlt' Gesicht,
Würde nicht den Weg zu sehen meinen,
Der nach oben führt und endet nicht. — —

— —

Felsentrümmer mögen jene decken,
Die gelebt, gefrevelt und verweht
Von den Zeiten wurden und verstecken
Ihren Körper, der in Staub zergeht.
Ewig aber dräuet ihrer Thaten
Ungefaßte, unbekannte Fluth

Und im Winde wehen ihre Saaten,
Neugebor'ne rufen sie zur Gluth,
Schrie'n, daß Abel sonder Makel sterbe —
Und er fiel mit dem erstaunten Blick,
Schwankte, — fiel und starb an seinem Erbe,
Gab dem Leben seinen Leib zurück. —
Guter Abel, — Glücklicher der Guten,
Der Du flohest so das Erbgeschick
Gräßlich langsam, — langsam zu verbluten,
Stets erschau'nd den letzten Augenblick.
Doch, ihr Hohen, paartet mit der Strenge
Eu're Milde für den Enkelsohn,
Süße Täuschung, — Weite in der Enge,
Gabt dem Guten ihr zum hohen Lohn;
Daß er wandle, sähe und nicht schaue,
Was vor ihm aus näh'ren Klüften gähnt,
Nicht die heit're Himmelsluft, die blaue,
Voll von Unerbittlichkeiten wähnt;
Daß er wandle bis an's feste Ende,
Dann entflieht es nebelgleich dahin;
Frohe Augen seh'n die Lebenswende,
Schnelle dorrt die Lebenskraft um ihn. —
Und er fühlet, wie das Alles schwindet,
Was vertraut ihm seit der Jugend war,
Abschiednehmend den Entschluß verkündet
Tief zu steigen zu der Keime Schar.
(Er faßt langsam, leise redend, Erdas Hand.)
Nur ein Hündchen sah ich so verderben,
Das der Wolf vor meinem Leib zerbiß;
Dieses Thieres tagelanges Sterben
Tiefe Furchen mir im Busen riß.
Seiner Augen menschengleicher Spiegel
Trübte das Entsetzen vor dem Schluß,
Bange lauscht' er auf den nahen Riegel,
Der das Leben dröhnend schließen muß.

Hinzusinken, — wie vom Blitz getroffen,
Nicht bewußt des bitt'ren Trennungsschlag's,
Mitten in des Lebens freud'gem Hoffen,
Welch' ein Schließen uns'res Frühlingstag's!
So verstarb er — Abel — in der Helle
Seines Hoffens. — Und ich wan'dre zu,
Wand're fort und steh' an selber Stelle,
Ferne, ferne ist die heit're Ruh'.
(Leidenschaftlich und glückheischend.)
Süße Täuschung, — komm doch, komm' hernieder,,
Hüll' die Augen vor dem wahren Licht,
Laß' erklingen meine Jugend wieder
Meinem Ohre, — harre länger nicht!
(Beide Arme emporhebend.)
Seht, da bin ich! — Auf den dorn'gen Wegen
Des Erkennens tret' ich vor Euch hin,
Kommt dem Armen, der Euch sucht, entgegen,
Hüllt ihn ein und — endlich täuschet ihn!

Erda (mit tiefer Ueberzeugung).
Läut're Dich aus Deinen großen Schmerzen
Zu der Größe künft'ger Thaten auf!
Kain (die Hand vor die Stirne schlagend).
Läutern?! — Wie?! —
Erda.   Aus Deinem vollen Herzen
Schöpf' das Beste an den Tag herauf.
Kain. Thaten?! —
Erda (großartig).
Sühnen!
Kain (mit finsteren Blicken, nachdenklich vor sich hin-
starrend; zuerst langsam, die Worte suchend).
Das zurückzugeben,
Was ich einst mit meinen Händen nahm:
Abels Geist dem Tag und Abels Leben,
Das schon längst zur Erde wiederkam?!

(Plötzlich mit beiden Armen um sich weisend, beinahe
schreiend.)
Da ist Abel! — Um uns rings gegossen
Treibt die Erde aus sich selbst ihn auf
Und es grünt das Blut, das einst geflossen,
Aus dem Leben als ein Lebenslauf!
Seine Adern schlagen mir entgegen
Aus den neuen Blüthen der Natur
Und er quillt und sprießt aus jeder Flur,
Keimchen bringt er allen Lebenswegen. —
Und er spottet meiner Sühne, — lächelt
Des Ohnmächt'gen, der zu sühnen sucht,
Während leise schon der Sühne Frucht
(Verzweifelt.)
Zu uns mühelos die Erde fächelt!

(In der Ferne beginnt der Regen mit erneuter Kraft
zu rauschen, während im Hintergrunde die Brandung
stärker an die Felsen schlägt und die Nebel mächtig
wallen.)

Kain (fährt fort, vor leisem Entsetzen schaudernd).
Keine Sühne seh' ich vor mir wallen,
Da die Zeit entwaffnet meine Hand:
Vor mir weitet sich ein dunkles Land,
Dessen Schatten ewig weiterfallen.
Geh' in ihm an dunklen Pfad gebunden,
Will und kann nicht, weil die Willenskraft
Eines Andern schon das Können schafft:
Was das Jahr erdenkt — entsteht in Stunden!

Ringen?! — Ja! — Doch nimmermehr erringen.
Immer schreiten mit dem Menschenglück
Weit im Wege der Natur zurück,
Die Gedanken lächelnd kann vollbringen:

Das ist jammervolles Los der Starken,
Die als Menschen mit gewalt'gem Schein
In dem Werk der Ueberird'schen harken! —
O, der Jammer, nicht Natur zu sein!
(Er wendet sich gegen den Hintergrund mit beschwörender
Geberde.)
Walle, Nebel — öffne mir die Lande,
Die mir ließ der Allgewalt'gen Macht,
Weis' die Wege zu der Dämm'rung Strande,
Zu der Ohnmacht grenzenloser Nacht!

(Plötzlich zerreißen die Nebel im Hintergrunde, um sich sofort wieder zu schließen. Undeutlich in der Ferne waren finstere, riesige Felsen zu schauen, einer so geformt, als ob eine Menschengestalt sich, an diesen gebunden, in Fesseln winde. — Eine vogelähnliche Erscheinung kreiste ober ihm. — Das Meer brüllt auf. Kain hebt abwehrend die Arme und fällt mit einem Schrei zu Boden. Erda beugt sich über ihn.)

(Schluß der Scene.)

II. Scene.

(Waldwiese im gedämpften Licht der Sonne, die durch die Riesenbäume, welche rings die Wiese umgeben, strahlt. Der Himmel, der hie und da durch die Zweige der Bäume sichtbar ist, ist von einer reinen hellen Bläue. — Aus dem Walde tönt von Zeit zu Zeit das Klopfen eines Spechtes, ein- oder zweimal, während die Scene zu Beginn leer bleibt, aus größerer Ferne der langhallende Schlag eines Vogels. — Die Bäume rauschen leise; durch die Bewegung der Zweige verändert, wechseln die Sonnenlichter auf der Wiese.)

(Die Scene bleibt kurze Zeit leer. — Kain und Erda treten, früher zwischen den Bäumen des Hintergrundes sichtbar geworden, auf.)

Erda (bleibt am Rande der Wiese stehen).
O laß' uns weilen; denn die tiefe Stille,
Die hier sich breitet unter mildem Glanz,
Erfüllt die Glieder mit der Lust zur Ruhe.
Die lichten Blumen laden fröhlich mich,
In ihre Kelche mein Gesicht zu drücken.
Es sehnt mein Leib sich hin zum duft'gen Gras
Und will das Blut an feuchten Halmen kühlen.

(Sie läßt sich langsam im Grase nieder.)

Ein Vogel schlägt — und dorten pocht ein and'rer
Mit hartem Schnabel in die Rinden ein.
Er sucht sich Nahrung. — Alles wandelt frisch
Den Trieben nach, die zur Befried'gung führen.
Der Vogel frägt nach dunkler Zukunft nicht,
Im Augenblicke freut er sich des Lebens.

Ich will mich freu'n und fragen nicht, wie er,
Und im Genuß der Stunde will ich raffen.

(Sie streckt liegend beide Arme aus und ergreift mit
jeder Hand ein Büschel Blumen und Gräser, die sie
leicht ausreißt und emporhebt.)

So fass' ich mühlos was dem Auge frommt,
Und hab' der Hände Arbeit nicht verrichtet.

Kain (der sie still betrachtet hat, tritt näher, nimmt
die Blumen aus ihrer rechten Hand und betrachtet sie,
düster lächelnd.)

Die Blume gilt Dir mühelose Freude,
Die hingegeben an den Augenblick,
Das Herz erlabt durch des Gewinnens Weise.
Mir gilt sie and'res. —

(Er zieht eine Blume hervor.)

Sieh' — die kenn' ich nicht;
Die sproßte nie auf uns'ren heim'schen Fluren. —
Sie ähnelt manchen, die ich blühen sah,
Und mahnt mich an die weite, weite Ferne,
Die sie von ihrer holden Schwester trennt.
So weit von ihr und doch in Allem ähnlich! —
Der Keim der Mütter breitete sich aus,
Geschlechter ließ er rings zerstreut erstehen,
Doch nicht die Ferne ändert an der Art.
Sie färbt sich anders, doch sie welkt und stirbt,
Vor ihrem Wesen gibt es kein Entrinnen.

(Er läßt langsam die Blumen aus der geöffneten Hand
zu Boden fallen.)

Erda (mit plötzlicher Angst in den Zügen zu ihm
aufsehend).

O Kain, die Art! — Sie will sich wieder mehren!

Kain (versteht zuerst nicht; dann kommt ein plötzliches Verständniß über ihn und er schreit auf).
Du fühlst — es kommt — es windet schon sich los,
Aus tiefem Frieden in den Streit zu steigen?!
O das, was wird, — erwürgt' ich's doch mit Dir!
Erda (sich weit zurückbeugend).
Ein Grauenvolles will sich hier erneuen?!
Kain (plötzlich entnüchtert).
Verbirg Dich — geh!
(Dann mit wehmuthsvoller Sanftheit.)
Wie liegst Du vor mir da,
So schuldig schuldlos; und im weißen Schoße
Verbirgst Du doch das Unabwendbare.
Du schließest nährend uns'ren Erben ein
Und seine Schuld, die ihm durch uns geworden.
O Kain, o Kain, Du mit der Schuld Belad'ner,
Die Dich in immer droh'nd're Tiefen drückt,
Du, der Du drängst, der Finst'ren zu entfliehen,
Du warfst ihr selbst ein neues Leben hin,
Damit sie lachend in das arme zöge.
So häuft die Schuld sich geisterhaft um mich
Und mit den Händen schlag' ich Wesenloses!
O — wär' ich todt!
(Er wirft sich ungestüm vor Erda zu Boden.)
Erda (richtet sich auf und beugt sich über ihn.)
Es ziehen viele Fäden
Den Neugebor'nen zu den Ahnen hin
Und einer ist's, der ihn durch's Leben führet.
Noch kann er wählen und das sorge Du,
Daß er vom Vater keine Bande küre.
Kain (blickt sie an und lacht auf).
Du räthst den Tod!
Erda (schüttelt das Haupt).
Die Sühne zu vollbringen.

Kain. Doch das Geheime, das in ihm sich regt?
Erda (erhebt die Hände zum Himmel).
Das leg' ich muthig in der Hohen Hände.
Kain. Das ist die Ohnmacht, die an Neues glaubt,
Weil sie das Alte zu erschauen fürchtet. —
(Er erhebt sich.)
Wohlan, — es sei. — Ich warte auf den Schluß.
(In der Ferne wird ein Knacken und Brechen in den Zweigen und ein Rauschen in den Büschen hörbar. — Kain hebt Erda vom Boden auf und zieht sie an sich.)
Da sind Gefahren, die im Walde lauern:
Ich sah den Ur in mächt'gen Rudeln steh'n
Und seine Bahn ist gleich dem Weg der Hohen.
(Das Geräusch kommt näher.)
Gilt's nicht zu sterben, — dann verbirg uns Du!
(Er eilt mit Erda hinter einen Riesenbaum im Hintergrunde, der die Beiden ganz verdeckt. Ein sehr alter weißhaariger und weißbärtiger Mann tritt von links auf die Scene. Er trägt einen Stab und deutet auf die Wiese.)
Der Alte (nach links redend).
Da der Platz, auf dem von jeher
Blut'ge Sühne ward vergossen. —
(Von links kommen drei Männer in verschiedenen Altersstufen bis zu einem Jüngling herunter, desgleichen vier Frauen, eine alte bis zu einem jungen Mädchen. — Die Männer schleppen einen an Händen und Füßen mit Bastseilen gefesselten jungen Mann in ihrer Mitte, der in der Mitte der Wiese aufrecht gestützt wird. Alle schließen einen Halbkreis um ihn. Der Gefesselte blickt stumpf und mit erloschenen Augen vor sich hin.)

Die Alte (sich vordrängend, zum Gefesselten).
Wie behagt Dir Deine Fessel
Und die letzte bange Stunde?!
Hast den Sohn mir todtgeschlagen
Um die stritt'ge Rinderherde, —
Magst die Rinder nun besitzen,
Selber öffn' ich Deiner Leiche
Schloß und Riegel ihrer Zäune
Und ich will Dich ihnen werfen
Vor die Füße, daß sie sehen,
Tasten können, wie Du aussiehst.

Zweite jüngere Frau.
Bist Du aus der Ferne kommen
Um des Mann's mich zu berauben?!
Büßen sollen's Deine Hände,
Büßen sollen's Deine Augen
Und, das wallte Dir — Dein Blut!

Zweiter reiferer Mann (vortretend).
Schweigt, Ihr Weiber! — Keine Sippe
Kenn' ich, der er angehöret,
Die das Wort ihm reden möchte:
Gegen ihn ist nur die That,
Die die Sonne sah, und Einer,
Der hier stehet, — den Ihr kennet:
Denn der Zeuge bin ich selbst.
Also geht ein Spruch der Alten,
Der sich durch der Sippe Glieder
Bis auf uns hat fortgepflanzet:
»Wer da tödtet, fall' als Opfer
Für die überird'schen Wesen,
Die uns schützen, uns umhegen,
Stetig auf uns niederschau'n.«
Sprich, Du Alter, — ist dies Wahrheit?

Der Alte (seinen Stab erhebend).
Also ist es; — und gehandelt
Wurde nach dem Spruche häufig,
Da ich saß im Kreis der Jungen;
Und der Ort von je die Wiese.
Dritter Mann (dunkelbärtig, mit einer Keule bewaffnet, vortretend).
Deß' gedenkend will vollbringen
Ich den Spruch zur wahren That.
(Die Männer treten nach links, die Frauen nach rechts auseinander. Der bärtige Mann geht auf den Gefesselten zu und hebt die Keule. Dieser schreit auf und fällt zu Boden.
Aus dem Hintergrunde eilt plötzlich Kain hervor; Erda hängt an ihm.)
Kain (mit erhobenen Armen).
O haltet ein, die Ihr doch Menschen scheinet!
(Alle sind erstaunt und betroffen — Eine Pause. —
Alle stehen regungslos; endlich wendet sich der Alte zu Kain und Erda.)
Der Alte.
Seid Ihr Fremde, die versippt ihm?
Wohl, Ihr könnt das Wort ihm reden,
Einmal nur, dann sei erwogen,
Ob er noch des Todes schuldig.
Kain (zu Erda, sie in heftiger Bewegung an sich ziehend).
O, Menschen sind es, — siehst Du, Erda?!
Menschen!
Entsprossen doch, wie wir, derselben Welt!
Sie reden Laute, die wir auch verstehen,
Wenn fremd mich däucht auch ihrer Stimmen
Klang;

Hier ist Gemeines und die alte Last
Zerstäubt von meiner Schulter auf so viele.
          (Er geht auf die Erstaunten zu.)
Wer seid Ihr, — wer? — Ist Adams Stamm
                              in Euch?
Der Alte. Nicht versippt ist er, ich seh' es
An den Zügen des Gesichtes,
An der Farbe seines Körpers,
Die da strahlt in heller Weiße,
Wie in meinen Augen spiegelt
Sich das Bild der Ueberird'schen.
          (Er geht auf Kain zu.)
Bist Du einer von den Mächt'gen,
Die wir rufen, wann der Regen
Uns're Thäler überschwemmet,
Uns den Sonnenball zu bringen?
Und die Frau an Deinem Nacken,
Wie verdunkelt sie die Weiber
Mit der Helle eines Mondes,
Der dem sonnenwarmen Tage
Langsam nachzieht im Gefolge.
          (Zu den Seinen.)
Schauet, schauet, was Ihr fürchtet.
(Alle blicken ehrfurchtsvoll auf Kain und Erda.)
Kain (zu Erda).
O, welch' ein Land, wo mühelos entstiegen
Der fromme Glaube aus der Menschenbrust,
Die enger ist als meine und die Deine.
Der Blume gleichend, die ihr Wachsen nicht
Mit Sorgen hütet und, dem Wind gegeben,
Den Zufall nennt als Ahnen des Geschlechts,
Entsproß der Glaube an die Unsichtbaren
Dem stein'gen Grunde einer rauhen Brust.
Warum die Kämpfe, die wir durchgestritten,
Warum kein Glaube wie Nothwendigkeit?

Erda. Weil unser Busen nicht zu steinig war
 Und üpp'ge Ranken schoß in alle Winde.
Kain (zu den Anderen).
 Ich bin ein Mensch wie Ihr, und dies mein Weib.
Zweiter Mann. Bist ein Mann wie wir? — Ein Fremder?
Kain. Ein Fremder bin ich, — dies ist eine Fremde.
Zweiter Mann. Und Dein Weib, — so sagst Du, diese?
Kain. Sie ist mein Weib und meines Kindes Mutter.
Die Alte. Wo ist dies Kind, daß wir es seh'n?
Kain (Erda innig ansehend).
 Es schläft. —
 Doch wenn's erwacht, dann will zu Euch ich's senden,
 Aus Eurem Herzen träust ihm Frieden ein.
 Den Frieden lehrt ihn, den ich lang gesucht,
 Den ihr verdeutlicht, aber den Ihr nie
 Verscheuchen sollt mit mahnenden Gedanken.
(Er weist auf den Gefesselten, der am Boden liegt und die Neuangekommenen anstarrt.)
 Da liegt ein Baum auf Eu'rem sich'ren Pfade.
 O stoßt ihn weg, doch malmet ihn nicht ein,
 Sonst haften seine Splitter schmerzenbringend
 An Eu'ren Fersen, bis Ihr strauchelnd fallet
 Und schwer zu wandeln Euch der Pfad nun dünkt.
Zweiter Mann. Willst das Wort ihm, Fremder, reden?
 Ich versteh' Dich. — Denn zum Fremden
 Zieht Dich, Fremder, eine Regung,
 Die der Sippschaft gleich zu achten.
 Kennen nicht die Art der Sitten,
 Die Ihr übet, doch die uns're,

Gastfrei Euch zu zeigen, mein' ich,
Daß das Wort Dir sei verstattet.
Denn es geht von uns'ren Ahnen
Zu uns ein geheiligt Reden:
Das den Fremden heißt willkommen
Und den ersten Wunsch ihm fördert.
Also magst getrost Du reden
Und erkennen, daß wir besser
Sind als blutbedürst'ge Thiere
Und den Weg wir sicher wandeln
Den wir setzten als gerechten.
Der Alte. Also sei's.
Dritter Mann. Er sei gehöret.
(Beistimmende Geberden der Umstehenden.)
Kain (der immer erregter bei den Worten des zweiten
    Mannes wurde, schwerathmend zu Erda).
O, darf ich fassen als ein Schuldbelad'ner
Des Ander'n Sünde, um sie wegzurücken
Dem Arm des Menschen?! — Häuf' ich damit
                                        nicht
Die fremde Sünde auf die bange Seele?!
Erda (mit verklärten Augen).
Ich seh' ein reinigend' Gewitter schreiten
Durch düst're Fluren und durch Menschenherzen.
Sein böses Thun trägt der Schuld'ge nun
In ferne Winkel bis zur sich'ren Läut'rung,
Und ziehet nicht mit grauenhaftem Schwall
Verwehrend lockend And're in den Strudel
Des dunklen Erbes, das erwachend gähnt.
    (Auf die Umstehenden weisend.)
Die alte Schuld ist wach und schreit aus ihnen!
O schläf're ein sie, Kain, und Deine Noth!
Zweite Frau. And're reden aus der Fremden;
Ueberird'sche Augen blicken
Ihr gewaltig aus dem Antlitz.

Dritte Frau. Botschaft von den Unsichtbaren
Will ihr Hauch des Mundes tragen.
Das Mädchen. Alles sieht sie, was wir hegen
Tief versteckt im Grund des Herzens.
Der Jüngling. Und es spricht aus ihren Gliedern
Eine Liebe, die sich hingibt.
Dritter Mann. Doch die Warnung, die sie aussprach,
Dunkel hab' ich sie gefühlet.
Zweiter Mann. Zitternd auf den Weg des Rechtes
Wirft ihr Kommen neue Lichter.

Kain (der in sich selbst versunken dagestanden war,
athmet auf, ein Glanz bricht plötzlich aus seinen Augen:
er erhebt die Hände, tritt in den Kreis, die Stimmen
um ihn her übertönend).

Nun hört den Wand'rer, der des Lebens Hügel
Erstiegen hat und unter sich erblickt
Des Weges Windung bis zur letzten Höh'.
Ich schau' zurück auf das, was einst gewesen
Von meiner Stufe in dem Lauf des Lebens:
Der Stufen nächste schau' ich dämmerhaft,
Sie nicht erkennend; — doch verlass'ne Stufen,
Die auf sich bauen weiter hinter mir,
Vertrau'n die Art der kommenden mir an.
Ich red' ein Wort für Einen nicht allein,
Für Alle red' ich, denn Ihr seid gefesselt
Und eine Fessel fällt mit allen andern. —
Es weist der Weg, der mich geführt, zurück
Auf einen Anfang, den die Hohen schufen,
Die um uns weben in Unsichtbarkeit.
Sie schufen Gutes; ihre milden Hände,
Die schützend walten ob des Vogels Nest,
Dem Duft der Blume und dem Glanz des Steines,
Sie haben nicht die Menschenbrust zerstört,
Die Uebles hegt allein von allen Wesen.

Die Ahnen schritten an der Hohen Seite,
Begabt mit Hoheit und Unsterblichkeit,
Den Mächt'gen ähnlich; doch zur Gleichheit fehlte
Das Urgeheime eines Niegeword'nen.
Und dieser Schatten einer Nichtigkeit,
Der den Verstand, den schöpferisch geschaff'nen,
Weil er erhaben war und schöpferisch,
Von dem Geschaff'nen ewig trennen mußte,
Erhob sich dräuend und empörte sich,
Im eig'nen Wesen die Gefühle schneidend.
Der Schatten kroch auf das Gewordene,
Er lenkte dämmernd es in's tief're Licht,
In das mit grellen Strahlen niederblickt
Die Unabhängigkeit mit ihrem Stolze. —
So ward zum Zwiespalt mächtiges Geschenk,
Zum ew'gen Ringen der gewollte Frieden. —
So ist's gescheh'n, — so steht's in meiner Brust,
Die Ahnung trägt und Spuren des Gescheh'nen,
Aus fernen Tagen ein versteinert' Wort. —
Warum die Hohen ihre Hoheit senkten
Als traur'ge Gabe in die Menschenbrust,
Bewußt vielleicht des zu gebär'nden Streites?
Wer will es wissen und es Klarheit nennen,
Die deutlich zeigt, daß überird'sches Licht
Zu schauen nicht für eines Menschen Auge?
Wer nennt es Prüfung, die sich nicht bewährt?
Der Streit entflammte; — eine That geschah,
Ein grauf'ges Denken, — eine Ueberhebung,
Die mit der Müh', den Schatten zu vertilgen,
Ein Licht zu zünden, höher, — als es je
In einst'ge Tiefen des Geword'nen strahlte,
Verlor'nen Lebens Todtenschädel krönte.
Nun floh von hinnen was unsterblich war,
Entfesselte die Rechte der Natur
Und des Geword'nen stets verheer'nde Schauer.

Ein einzig Band umschloß das Leben nun
Und Steine, Thiere, Menschen sind die Gleichen.
Es goß die Zeugung neues Leben aus
Und mit dem Leben auch den Keim des Todes.
Das ist die Strafe für vergang'ne That,
Die Warnung war und nie sich soll erneuen,
Weil nie sich neuert jener süße Gang,
Den unsre Ahnen mit den Hohen schritten.
Was sie vererbten — ist die große Schuld,
Die bitt're Strafe, der wir nie entrinnen. —
Doch jene Hände, die so grausam straften,
Sich selbst erhaltend ihren Sitz des Lebens,
Vergaßen ihrer hohen Milde nicht.
Es steh'n die Menschen unter ihrer Hut
Wie Blumenduft und wie der Waldesvogel;
Sie führen ihn und schwellen seine Brust
Mit süßer Freude an dem sonn'gen Leben,
Und reißen jäh die Grube vor ihm auf,
Wenn des Gewerd'nen Kräfte ihm versiegen;
Ihm reicht das Erbe erst am Lebensende
Aus dunkler Tiefe eine Ahnenhand.
Doch wenn er wagt, in's Leben einzugreifen
Mit seinem Stolze, der der hohen Macht
Sich willenlose nimmer unterwindet,
Und wägt das Leben auf der schmalen Grenze,
Die einst ein Schatten schied, — und sich erhebt,
Als Enkel um das Gastgeschenk zu streiten,
Das den Verstoß'nen aus den Händen fiel,
Dann sieht das Erbe wie ein Flammenmal
Ob seinem Scheitel er und fühlt es brennen.
Er schaut den Schimmer der Unendlichkeit
Und sieht die Brücken, die gehofften, stürzen,
Indeß' der And're seine Hoffnung trägt
Und unbewußt zu seinem Erbe eilet.
(Er hält hochaufathmend inne. — Eine Pause.)

Das Mädchen (mit in die Ferne blickenden Augen).
Eine Klage laßt mich rufen
Ueber das Vergeh'n des Lebens.
Blumenkelche, Menschenlippen,
Alles weht vor dunklen Winden
Unabänderlich zum Ende.
Und ich kann es doch nicht fassen,
Denken nicht, daß meines Herzens
Junge Wärme aus dem Busen
Wandern muß zu stillen Stätten,
Die des Lebens Pochen darben.
Der Jüngling (das Mädchen leicht umfassend).
Was des Lebens Sonne kündet
Soll ein Droh'ndes nicht verwehren,
Und vor uns'ren festen Schritten
Wird es weichen und verschwinden.
Rufen will ich, wenn es nahet:
Wölbe Dich, Du gähnend' Grab! —
Und es wird Dir Blumen senden,
Und an Stelle düst'ren Winkens
Einen Gruß aus ferner Vorzeit.
Erda (mit den verschlungenen Händen über die Stirne
streifend).
O Jugend, — Jugend! — Steigst Du wieder auf?!
Kain (wird von einer heftigen Bewegung geschüttelt
und blickt mit starren Augen vor sich in die Weite).
Der Alte (auf Kain zugehend).
Fremder, Deine Rede endet
In den Schauern eines grausen,
Angstbeklomm'nen sich'ren Endes.
Hörtest Du der Ahnen Flüstern
In den Tiefen Deines Busens,
Hört' ich der Lebend'gen Rede
Mit dem warmen Hauch des Mundes.

»Die Erbsünde«. 7

Weißt Du nichts von den Gefilden
Ew'ger Freude, die uns winken
Ferne hinter blauen Bergen,
Ferne hinter dunklen Wäldern,
Wenn der Tag der Welt sich neigte
Eine neue zu erschließen? —
Sieh' — ich rüste schon zur Reise
Und am Abend meines Abgangs
Will ich nicht den Stab verschleudern,
Den ich mir zur Reise schnitzte,
Und am Wege sitzend weinen,
Hören nimmer, daß die Reise
War die bitterste der Lügen.

Kain (mit plötzlicher Geberde den Alten unterbrechend).

O, stille — still! — Ich lausche fernem Wort,
Das den Gesang des Ewigen verkündet. —
Nun sang es: »ewig« und mir klang es zu
Und hebt mein Ich, das nicht vergessen will,
In höh're Reihen holder Möglichkeiten. —
Vom Schatten sprach ich, der vererbte Schuld
Gebar zum Ende traurigsten Vergessens,
Und dachte nicht des Ichs in meiner Brust,
Das fern vom Körper, der Verwesung heischet,
In ew'ger Jugend durch das Leben flattert.
Verjüngung ahnend sah das Leben ich,
Den Keimen gleichend, aus der Erde sprossen,
Die einst zerstörend Lebendes empfieng,
Um so den Kreislauf der Natur zu schließen.
Nun steigt es auf und funkelt um mich her,
Und trägt mich fort in sehendem Begeistern
In ferne Zeiten, die gewesen sind
Und die noch leben in der Zeiten Wandlung.
Ihr Hauch berühret heiß mein Angesicht,
Und in die Flammen, die von ihnen leuchten,

Mit festen Blicken sehend, steh ich da
Und seh' die Wahrheit, die ich tastend suchte.
(Mit flammender Begeisterung redend.)
O, hebt die Hände an die bange Brust
Und fühlet zwei in Euch vereinte Wesen,
Die, in den Ahnen einst zu eins verschmolzen,
Beschattend trennte höherer Verstand.
Sie flohen nicht im Anprall von einander
Wie Stein vom Stein, als ihres Wesens Art
Sich heftig hebend 'gen einander bäumte,
Der Schatten schob sich lindernd zwischen sie,
Der Schatten, den der Zorn der Ueberird'schen
Für Menschenleben zu dem Tode vertiefte,
Und der das Fleisch, — das Blut darniederreißt,
Die Grenze trennend für das höh're Wesen.
Das wird sich heben, frei von jeder Last,
Mit gold'nem Fittich zu dem Pfad der Sonne. —
Das Erbe zieht das Leben in die Erde,
Es trennt's der Tod — die Sühne zieht empor
Den Geist des Ichs zu den gewes'nen Zeiten. —
O, sühnet Eu're alte Ahnenschuld,
Die in Euch treibt, das Erbe zu vergrößern,
Ins Blut Euch drängt den Griff von roher Hand,
Das Wort Euch wendet auf gefüg'ger Zunge.
Verwehrt dem Erbe seinen Todesschritt,
Der mächtig zieht den Geist in seine Netze,
Daß er sich löse mit dem Körper auf
Im Schauer des Gewissens und der Thränen.
Besiegt Euch selbst — Ihr werdet sie besiegen,
Die in der Wiege mit Euch schlummernd lag —
Und frei von Lasten in den Himmel steigen!
(Er taumelt erschöpft in Erda's weitgeöffnete Arme. —
Bewegte Pause.)

Zweiter Mann (zu Kain).
Säer — Deine Aussaat gehre
Ich für meines Mundes Rufen.
Ueber Berge will ich schreiten,
Wellen will ich schnell durchfahren,
Deiner Rede Klang zu bringen
In die fernsten Erdenwinkel.
Deinen Namen will ich künden
In die Winde, in die Weiten,
Und ich will es rastlos rufen,
Daß der Unsichtbaren Streiter,
Der zur Milde kehrt die Strafe,
In den Wäldern ist erstanden. —
Sprich — wie soll ich Dich benennen?
Kain (sich, wie aus einem Traume erwachend, auf-
richtend).
Ein Großes that ich — und die Welt ist mein?!
Wie Du mich nennst? — Den Sühner nenne mich.
Dritter Mann (auf den Gefesselten weisend).
Nimm ihn, Sühner; Deine Rede
Gab uns Wahrheit, ihm die Freiheit.
Kain (kniet erschüttert vor dem Gefesselten und löst
dessen Fessel).
Das Mädchen (am Arme des Jünglings hängend).
Sieh', es baut sich über uns nun
Aus den Worten eines Fremden
Eine ew'ge, schöne Heimath.
Aber nicht der Worte Klarheit
Heischt die Wahrheit zu erkennen,
Sondern meines Herzens Pochen,
Das gewußt, — gewußt schon lange,
Daß ein Lieben nicht verschwinden
Kann im Hauche des Vergehens;
Denn vergessen kann ich nicht.

(Das Mädchen wandelt mit dem Jüngling langsam gegen den Hintergrund zu, wo sie allmälig zwischen den Bäumen verschwinden. Die drei anderen Frauen gehen ihnen in einiger Entfernung nach und verschwinden gleichfalls. Kain hat die Fesseln des Gefangenen gelöst, der sich vor ihm auf den Knieen aufrichtet und so liegen bleibt.)

Kain (zu dem Gefangenen sprechend).
Nun geh' auch Du und such' in dunklen Schluchten
Dich zu erkennen und die blut'ge That,
Die dräuend hebt den geistbethör'nden Finger
Und Schlangen sendet in das wirre Herz,
Des Geistes Sitz mit ihrer Wuth zu sticken.
Bist Du zerrungen und Dir selbst ein Greuel,
Dann künde weiter mein gehörtes Wort,
Und gib ihm Flügel, daß es weitersühne.
Entsünd'ge Dich und sühne wie Du kannst,
Vergieß Dein Blut, die Wahrheit zu erwecken,
Hinfällig ist es, — jene aber ewig!
Nun wandle, — Kain, — und läut're Deinen Namen!

(Er weist mit einer befehlenden Geberde nach rechts. Der Gefangene springt auf und eilt, das Haupt mit den Händen verhüllend, nach rechts ab.)

Der Alte (die beiden anderen Männer rechts und links an den Händen fassend: flüsternd).
Wandelt von der Opferstätte
Mit den unbefleckten Händen,
Rühret nicht der Stimme Klingen,
Daß ihr so vergessen lernet
Was sie sprach und was sie tönte.

(Er zieht die Beiden immer mehr nach dem Hintergrunde.)

Laßt die Fremden; ihres Anblicks
Mögen ungestört erfreuen
Sich die Hohen, die beseligt
Aus Gebüsch und Bäumen lauschen. —
Wie der Wind die dürren Blätter
Rings verstreut im Ton des Herbstes,
Werden wir in Luft zerstieben;
Nur das Wort wird ewig dauern,
Das das Echo hier zurückrief.

(Er verschwindet mit den Männern hinter den Bäumen.
— Eine große Stille ist ringsum. — Ein Vogel im
Busch trillert hoch auf.)

Kain (der dem Gefangenen nachgeblickt hat, fährt beim
Klang der Vogelstimme empor und blickt um sich).
Wir sind allein? — Es war ein Traum?!
Erda (feierlich).
Es war
Ein groß' Geschehnis unter'm Glanz der Sonne.
Kain. Es war — — —
Erda. Und ist!
Kain (aufjubelnd).
Und steht für alle Zeiten!

(Vogelstimmen werden von allen Seiten laut. Die
Bäume rauschen leise im Winde.)

(Ende der II. Abtheilung.)

III. Abtheilung:

Adam.

Auftretende Personen:

Adam
Eva
Kain
Jethro
Gea
Erda
Kains und Erdas kleiner Sohn
Der Wanderer.

I. Scene.

(Hügel. Wiese. Zu beiden Seiten die Ausläufer eines Waldes. Reiche tropische Vegetation mit farbenprächtigen Blüthen. Der Hügel senkt sich sanft gegen den Hintergrund zu. Die Aussicht ist durch dichte Morgennebel verhüllt. Reicher Thau glitzert von allen Blättern und Blüthen. Früher Morgen Schimmernder Sonnenschein.)

(Kain und Erda, die ihren kleinen Sohn trägt, kommen von links. Kain tritt schnell auf und bleibt stehen.)

Kain. Ach, wie mir die Brust sich weitet,
Da ich die Spuren der Heimath sehe,
Da heim'sche Erde mein Fuß beschreitet
Und ich auf vertrauten Schollen stehe.
Mich fächeln wieder bekannte Lüfte,
Mich grüßen wieder die alten Düfte
Und raunen mir zu die Vergangenheit,
Von der meine Seele sich hat befreit.

(Zu Erda, die näher gekommen ist und das schlafende Kind unter einem blühenden Busch gebettet hat.)

Auf diesen Blumen lag ich versunken
Und blickte hinab in das fruchtbare Thal,
Aus diesen Quellen hab' ich getrunken,
Hier hab' ich geseufzet in müßiger Qual.

Wie unverändert ist Alles geblieben:
Hier schwanden die Jahre spurlos vorbei;
Sie haben Früchte zu Samen verrieben
Und trieben den Samen zu Früchten auf's Neu'. —
Nur wir sind anders; — and're Gedanken
Haben die brausenden Jahre erweckt,

Die alten, sie gingen zu Grabe und sanken,
Sind nun mit Schutt und mit Asche bedeckt. —
Läuternde Zeiten — seid mir gepriesen!
Aber ihr gingt mit beflügeltem Schritt,
Unsere Jugend, — die nahmet ihr mit,
So wie die Sonne den Thau von den Wiesen.
Habt ihr gebeugt die, die unten geblieben,
Die noch der neidische Nebel verhüllt?
Werd' ich umsah'n die verlassenen Lieben
So wie ihr Bild dem Gedächtnis entquillt?!
Hat nicht der Zeit unbarmherziger Finger
Euere Schläfen entkräftend berührt,
Hat Euch der Bote, der Todesbringer,
Nicht in das Reich, das Euch rufet, geführt?

(Er steht in Wehmuth versunken da und breitet sehnend
die Arme nach dem Hintergrunde aus.)

Erda. Laß' mich, o Kain, eine Thräne weinen,
Lasse sie fallen auf Deine Hand,
Die in den Lüften die lieben Deinen
Mit dem grüßenden Beben des Herzens umspannt.
Göttliche wahrten uns, daß wir verkünden,
Was sie aus Grauen und Nacht uns gezeigt,
Alles, was athmet und lebt, zu entsünden,
Sprache zu lehren Demjen'gen, der schweigt.
Und ihr Beginnen zum Ende zu bringen,
Müssen sie halten was athmet und lebt,
Um so das Band der Vollendung zu schlingen,
Das sie durch unsere Hände gewebt.

Kain. Ja, — es umklammert der webende Faden
Scheidendes Leben am offenen Grab,
Weitet die Brust, sich in Wahrheit zu baden,
Ehe sie schwindet in Dunkel hinab. —
Wie wir ihn webten bis zum Erkennen,
Daß, sich vererbter Last zu entzieh'n,

Müssen die Flammen der Sühne entbrennen,
Die mit den Seelen zum Ewigen flieh'n!
Wege da waren, dunkle, zu gehen:
Leugnen und Rache für blutige That,
Taubes Verwehren dem brünstigen Flehen
Und des Vererbten unselige Saat. —
Daß ich gekommen, den Frieden zu geben,
Danke ich, Erda, Dir nur allein,
Die Du erhobest mein muthloses Leben
Wieder zum Lichte und Sonnenschein.
Dein ist der Preis, daß den Eltern ich bringe —

Erda (die Augen schließend).
 Mutter und — Vater!

Kain (sie fest an sich ziehend und auf den sanft schlummernden Kleinen weisend).

— — — dies sühnende Pfand,
Daß es vom göttlichen Arm ihnen singe,
Wie er uns führet am gängelnden Band.
Unseres Endes Verhängnis zu klären,
Das ohne Wahl, ohne Schuld sich ergießt,
Soll seine Stimme die meine vermehren,
Daß nur ein Klang die verschied'nen umschließt.
»Schuldig und schuldlos!« — Dies Räthsel des Grauens
Breitet sich klar vor dem suchenden Geist,
Dem Du erhalten die Kräfte des Schauens,
Der Dich als Menschenretterin preist.

Erda. Willst Du dem Zuge des Herzens gewähren
Solchen erhabenen glänzenden Lohn,
Mußt Du den Busen der Tochter versehren;
Strafend berührt ihn Dein jubelnder Ton.
Aber das Unrecht gebrochener Liebe,
Die mich dem Vater, dem todten, verband,

Setzte des Lebens veredelnde Triebe
Vom Tode auf's Leben — und bleichte und — schwand.
Schuldlos, — doch grausam gab ich die Rechte
Niemals verweilender, eil'nder Natur,
Welche beflügelt zerstörte die Spur,
Die sie geführt über's Todte und Schlechte.
Andere Rechte und Pflichten winken
Dem, der da lebt, weil er bleibet und lebt,
Als sich in das Ende vorzeitig zu senken,
(Sie eilt auf den Kleinen zu, der erwacht ist, und hebt ihn auf.)
Weil die Natur nach Verjüngung noch strebt.
(Sie hebt den Kleinen hoch gegen den Hintergrund.)
Schaue Du, der über Todtes geschritten
Mit dem unschuldigen, kindlichen Fuß,
Schaue die Nebel, — sie reißen inmitten,
Schaue der Heimath geheiligten Gruß!
(Die Nebel zertheilen sich langsam: ein lachendes Thal liegt unten ausgebreitet, das ein breiter Strom durchzieht.)
Breite die Aermchen mit Grußesgeberde
Zeugnis des Rechtes des Lebens Du!
Nebel verschwinden, daß sichtbar uns werde
Lebende Erde in heiterer Ruh'.
(Kain und Erda stehen lange in den Anblick des freundlichen Bildes versunken.)

Kain (nach einer Pause).
Ja, — es ruhet in Götterhänden
Die beständige, lachende Welt,
Die doch mit ihren erfreulichen Spenden
Nimmer dem Menschen den Frieden gesellt.
Mitten in Ruhe ist er geschäftig,
Suchend ein Störer der Ruhe zu sein

Und es erschallet sein Schreiten kräftig
In das Schweigen und Schlafen darein. —
Seine Seele: ein zitternder Wasserspiegel,
Der sich wandelt unter dem Hauch der Zeit,
Wellenthal und Wellenhügel
Wechseln ab im ew'gen Streit.
Welch' ein Kommen — welch' ein Gehen:
Welle will bei Welle stehen,
Doch im Wechsellauf der Dinge
Eilt sie, daß sie weiter bringe.
Ehe sie den Kreis beendet,
Ist dem früh'ren sie entfremdet
Und sie sucht im ew'gen Wandern
Eine Welle nach der andern,
Jede kosend eine Weile,
Um zu zieh'n mit Windeseile
Dann die vorgeschrieb'nen Kreise
Ungewollter Art und Weise,
Nicht versuchend, sich zu lenken;
Sich in's Meer der Welt zu senken. —
Was vertraut dem Geiste heute,
Morgen ist's der Zukunft Beute:
Unbeständ'ges Menschenlos!
Nur das Ende ist gegeben,
Doch dies einz'ge Ziel im Leben
Ruht in unerforschtem Schoß.

(Unterdessen ist die Sonne höher gestiegen und bestrahlt
die Scene mit ihrer ganzen Kraft. — Während der
letzten Worte nimmt Kain das Kind auf seine Arme
und beginnt mit Erda langsam den Hügel gegen den
Hintergrund zu hinunterzusteigen.)

(Schluß der Scene)

II. Scene.

(Dieselbe Gegend wie am Beginne der I. Abtheilung. — Alles ist unverändert. Später Nachmittag. Der Himmel hat eine fahle, röthlich=gelbe Färbung und auf der Gegend im Hintergrunde liegt ein röthliches Licht. Adam sitzt in der Mitte der Scene auf einem Felsblock. Er ist sehr gealtert; Haar und Bart sind ergraut, die Augen ruhen in tiefen Höhlen, seine Haltung ist gebückt geworden.)

Adam (sitzt ruhig da und blickt in die Weite).
Ein Abend wieder, der sich mählig senket,
Ein Leuchten wieder, wie es gestern war —
Und dann die Nacht, die alle Blüthen tränket
Mit thau'gen Tropfen aus dem dunklen Haar.
O komm Du Abend, doch in meine Seele
Und sei der Bote einer stillen Nacht,
Die klärend netzt die friedensdurst'ge Kehle,
Daß sie dem Morgen in die Augen lacht!
Warum befiehlst Du nur dem Seelenlosen
Im Glanz zu schimmern, der vor Dir entsteht?
Du streust die Farben Deiner Friedensrosen
Und hemmst den Hauch, daß er zu mir sie weht.
O, strahle, — glänze! — Deinem süßen Locken
Bin ich entwöhnt und mich bethört Du nicht,
Ich bin Dir fern und meine Pulse stocken,.
Statt hoch zu pochen, — seh' ich Dein Gesicht.
Doch einmal war's — vor Monden — oder
                              Jahren,
Die schnell entfloh'n, indeß die Stunde stand
Vor meinen Augen, da ich heiß erfahren
Dein Lebensfluthen in der kühnen Hand.

Da schien der Schimmer, den Du vor Dir sandtest,
In üpp'gen Farben prunkend, von der Welt
Den Strahl zu lösen, den Du zu mir wandtest,
Da hat der Strahl mein braunes Haupt erhellt.
Und unter meiner Locken starker Jugend
Gebar dem Leben ich den schönsten Sieg,
Der je aus Geist und kühner Männertugend,
Die Welt zu zwingen, — aus dem Hirn entstieg.
Phantast'scher Abend, wie Du nun die Bäume
Durch wirres Licht in and're Formen zerrst,
Und vor die Weiten hoher Himmelsräume
Die dunklen Riegel Deiner Wolken sperrst,
Um sie zu thau'n für eines Auges Blicken
In off'ne Pforten, die im Mondeslicht
Erzitternd weisen himmlisches Entzücken,
Das immer neu aus fern'ren Fernen bricht,
So that'st Du's mir, und von dem Strahl
geblendet,
Den Du mir wandtest und der Täuschung hieß,
Hab' ich das Leben vor dem Schluß beendet;
Und lieb' Dich doch, wenn ich Dich auch verstieß.
Denn Freude war mir sein erhebend' Blicken,
Er war mir Freund — und fiel er neu auf mich,
Ich würd' mein Antlitz nicht vor ihm verrücken;
O, Freund der Jugend, wie umarmt' ich Dich!
Doch kommst Du nimmer; spiele dorten weiter,
Wo Du verweilst, auf dem gefüllten Grab,
In dem ich barg den mir verfall'nen Streiter;
Und mit dem Streiter zog der Sieg hinab. —
Du willst ihn kosen, den Du mitbetrogen,
Du suchst den Geist, der Dich durch mich gebar,
Auf der zerwühlten Erde, die gezogen
In ihre Tiefen was da sprach und war? —
Wohl schwand die Sonne manches bangen Tages,
Wohl schritt der Jahre wirrer Knäu'l vorbei,

Doch ich blieb stehen matten Herzensschlages,
Allwo ich stand vor dem, was froh und neu.
Mich hat der Zeiten Lauf zurückgeschmettert,
Anstatt zu treiben mich auf ihrer Bahn,
Und was mich einst, vor langer Zeit, umwettert,
Das schaut mich wieder ungebändigt an.
Des Hirnes Zweifel sind wir wieder ledig
Und keine Deutung kann ich finden mehr,
Die sinnberauschend schleuderte und gnädig
Den Himmelsucher in der Wolken Heer.
Die flammten mir als Pforten höchster Schöne
Durch leichte Ritzen ein erhebend' Licht,
Der Himmel sank mit krachendem Gedröhne,
Nun dröhnt es immer, — doch es flammet nicht

Der Jüngling bin ich, dessen ew'ges Bangen
Ein niemals Fert'ges stets sich winden sah,
Dem bald die Stürme Todeslieder sangen,
Dem bald im Traum die Unsichtbaren nah;
Der immer griff in seines Busens Tiefen
Mit fieberheißer fundesgier'ger Hand
Und dem das Blut die Keime, die da schliefen,
In steter Folge aus dem Griff entwand.
Nun bin ich's wieder! — Auf demselben schwanken
Und heißen Boden geh' und lebe ich, —
O, du Geburt vergessener Gedanken,
Wie bist Du grausam und wie schauerlich!

O hättest Du, Du graues Rückwärtsbiegen,
In fern're Zeit mich doch zurückgelenkt.
In jene Zeiten, wo die Locken fliegen,
Wo sich das Aug' nur in das Heit're senkt.
Da säh' ich wieder in den Wolkenweißen
Gigant'sche Leiber, prächt'ger Körper Schwall,
Da säh' ich wieder stolze Augen gleißen
Und hört' der Stimmen mächt'gen Widerhall.

Das Alles liegt mit einem in der Erde,
Der es umkrampft mit schütterndem Gebein;
Und 's ist gesorgt, daß nichts gehoben werde
Zu neuem Leben aus dem alten Sein.
    (Er wendet sich zur Hütte.)
Dahinter schauert, was zurückgeblieben
Den Wahrheitssucher von der Schwelle fort,
Dort sind die Leiber, die den Glanz zerstieben,
Der einst geweilet hat an diesem Ort.
    (Er erhebt sich und steigt die Felsen hinan.)
Zur Höh', zur Höh' aus niederem Gedränge,
Den Wolken näher, die Vergang'nens voll,
Den Körper doch aus der verfluchten Enge,
Wenn auch der Geist ihr ewig dienen soll!
(Er steigt höher und verschwindet endlich zwischen den
    Felsen.)
Erda's Stimme (singt in der Ferne).
Wendet der Heimat, Ihr Himmelsbewohner,
Einen verklärenden, seligen Blick,
Da ihr doch gebet, Ihr Menschenverschoner,
Glieder dem Leibe der Mutter zurück;
Gießet von unserer quellenden Fülle
Ueber die Darbenden reichlichen Schwang,
Daß er durchdringe die zagende Hülle
Erdwärtsgekehrter mit himmlischem Zwang!
Adam (erscheint wieder auf der Höhe zwischen den Felsen).
Das sang die Wolke nicht, die mir entflog,
Das sang des Lebens wärmendes Getöne,
Das jugendkräftig in die Höhe zog
Auf leichtbeschwingter, hoffnungsreicher Schöne.
(Er bleibt, unruhig lauschend, stehen. Die Felsen=
zacken verbergen ihn den Kommenden. — Kain tritt
schnell von rechts auf. In größerer Entfernung
    folgen ihm Erda und der Kleine.)

Kain (mit leidenschaftlichem Entzücken).
    O Vätererde, Deine Stummheit spricht
    Zum Rückgekehrten mit vertrauten Zungen,
    Willkomm'ner Schimmer ist's, der aus Dir
        bricht, —
    Schon naht er mir, — schon hat er mich durch-
        drungen!
    Wie wohl'ge Arme öffnest Du Dich weit
    Und ladest mich, an Deine Brust zu stürzen,
    Um mit den Schatten einst'ger Seligkeit
    Des Heimgekehrten Hochgefühl zu würzen. —
    Du, starrer Fels, erscheinst ein Blumengarten,
    Dein kahler Weg ein sanfter Wiesenplan,
    Geheimes bergen Spalten mir und Scharten,
    Das zu erforschen winket bergesan.
    Nur dort, — die Eiche, — die zerschmettert
        raget,
    Die kannt' ich grünend in der Zweige Pracht.
    Die ist die einz'ge, die mir mahnend saget
    Vom Lauf der Zeiten und der Jahre Macht —

(Er hält inne, denn Adam hat sich um eine Felsenzacke gewendet und steht sichtbar oben. Sie blicken einander einen Augenblick lang an, dann schreit Kain auf und eilt den schmalen Felsenweg hinan.)

Kain. O Vater, — Vater!

(Er stürzt an Adam's Brust. — Adam umschlingt ihn fest.)

Erda (tief erschüttert die Beiden betrachtend).
                Wie der Baum gebrochen,
    Der fröhlich grünte, da ich ihn verließ!

Kain (an Adam's Brust).
    O Vater! — Da ich dieses Wort gesprochen,
    Versinkt die Stunde, die mich von Dir stieß!

Adam. Ich halte Dich und fürchte Dich zu missen,
Ich seh' Dich an und meine: Du vergehst?!
Es spinnt mein Herz die Fäden, die zerrissen,
Von neuem weiter, da Du vor mir stehst.
(Sie steigen umschlungen herunter. Erda eilt auf Adam
zu, er drückt sie an seine andere Seite.)
Und Dich, Verlor'ne, — Kleine, hab' ich
wieder?!
O, weile Stunde und versage mir
Nicht die Erinn'rung an die Kinderlieder,
Die ich verkörpert ragen seh' in Dir.
(Er lehnt überwältigt sein Haupt an Erda's Schulter.
Dann erblickt er Kains kleinen Sohn; ein Zittern
befällt ihn, er kniet nieder und streckt dem Kleinen
beide Arme entgegen.)
Noch Einen seh' ich, den ich nie gesehen,
Der Euer ist? — O ja? — Nun? — Kennst
mich nicht?!
Wie magst Du zagend vor dem Alten stehen,
Du Hoffnung Du, — Du neues Morgen-
licht?!
(Der Knabe läuft in Adam's weit geöffnete Arme. —
Adam drückt ihn lange an sich.)
Das bin ich wieder! — Nein, — Ihr müßt es
glauben,
Das ist mein Haar — und das mein Augen-
stern.
O süßer Trost, der nimmer mir zu rauben,
Weil ich ihn halte. — —
(Schäkernd zum Kinde.)
Du, — Dich hab' ich gern!
Kain. Die Mutter, Vater! — Und wo sind die
and'ern?
Daß ich sie schaue wie ein durst'ger Mann,

Der nach dem langen, heißen Weltdurchwandern
Die Labequelle endlich finden kann!
Adam (wendet ihm ein plötzlich verdüstertes Gesicht zu).
Du sollst sie schauen; aber tritt dazwischen,
Wenn ihr vereinter Schatten den
(Er weist auf den Knaben.)
berührt;
(Er steht auf und hält das Kind auf den Armen.)
Zu kurz dies Leben, um es schon zu mischen
Mit Bitterkeit, die nur zu sehr verführt.
(Er nähert sich Kain.)
Sie treten ein: — und finster wird die Hütte,
Die noch durchfluthet war vom Sonnenspiel,
Sie schreiten aus: — und vor dem müden
Schritte
Entflieht mein fernes, nie erjagtes Ziel.

(Die Sonne steht tief am Horizont; die sie umgebenden Wolken beginnen sich schon röthlich zu färben, der übrige Himmel wird tief dunkelviolett. Ein großer Schatten fällt plötzlich auf den Vordergrund der Scene, während der Hintergrund noch hell beleuchtet ist. Adam tritt zurück.)

Da fällt der Schatten: ihres Nahens Bote;
Der Vorhang bebt, — nun dunkelt es heran;
Die Sonn' gehorcht dem finsteren Gebote
Und schmiegt sich schüchtern an ihr Lager an.

(Aus der Hütte treten Eva, Jethro und Gea. Alle drei sind gealtert, mit grauen Haaren, so daß sie fast gleichaltrig aussehen; nur Gea hält sich steif aufrecht. — Ihre Schritte stocken beim Verlassen der Hütte. Gea erkennt die Ankömmlinge zuerst und zuckt zusammen, dann blickt sie wortlos auf sie. Erba

8*

schreit auf und stürzt an Jethro's Brust, die sie umschlingt. Eva sucht sich mühsam aufzurichten. Kain steht einen Augenblick lang mit sich kämpfend da, dann geht er langsam auf Eva zu, beugt vor ihr das Knie und spricht mit bewegter Stimme.)

Kain. Gekommen bin ich, — bin zurückgekehrt
Zu jener Stätte, die mich ausgespieen,
Die mir die Heimkehr mit dem Fluch verwehrt,
Den Erd' und Himmel 'gen mich widerschrieen.
Gewandert bin ich, — sah mein Angesicht,
Das qualverzerrte, in der sanften Welle,
Die es umkoste und verlöschte nicht,
Und stetig zeigte an derselben Stelle.
Die nächt'gen Schauer riefen mahnend mich,
Die Zweige peitschten mir ihr grauses Wehe,
Es hob der Tag, der Friedensbringer, sich
Nur, daß ich neu mein altes Antlitz sähe.

(Mit wachsender Leidenschaft.)

Was Du gerufen, hat mich fortgejagt,
An meine Fersen hat es sich gebunden,
Und hat mich fort und immer fort gefragt:
Wo ist der Sohn, der Abel, hingeschwunden?!
Der Jahre viele schwanden mir vorbei,
Bis ich gefunden für das Wort Erhörung,
Das mich berief mit mächt'ger Melodei
Zur Lösung aus der bitteren Bethörung. —
Ein And'rer bin ich, der den Wand'rer ließ
In dunklen Klüften seinen Leib begraben
Und aus dem Leib des Geistes Leuchten stieß!
Du willst mich, — Mutter! — willst mich wieder
haben?!

Eva (nach einer Pause).
Noch will ich's nicht.

Kain   Ein Sämann komm' ich her,
Mit vollen Händen Köstliches zu leeren,
Aus guten Tropfen ein entfesselt' Meer,
Aus einem Funken Feuerbrand zu mehren.
Der Liebe Funken laß' mich finden nur,
Ich fach' ihn an mit meinen Sohnesgaben,
Daß er entflamm' die schlafende Natur! —
Du willst mich, Mutter! — willst mich wieder
                                     haben?!
Eva. Noch will ich's nicht.
Kain (springt auf).   Dann künde ich Dir Streit,
Den Streit der Lieb', die nimmermehr verzaget
Und aus den Trümmern einer Ewigkeit
Als Allerew'gstes in die Wolken raget!
Eva (richtet sich plötzlich hoch auf; ein warmer Strahl
     bricht aus ihren Augen).
     Dann streite fort! — Ich wünschte einen Sieg!
Kain (hingerissen, auf sie zu eilend).
     O Mutter, — Mutter!
Eva (streckt ihm abwehrend die Hände entgegen).
                    Weile in der Ferne.
Kain (mit strahlenden Augen).
Das wird ein frommer und ein sel'ger Krieg,
Der auf mich schleudert in die schönsten Sterne!
O, Jethro, Schwester, Gea, — welches Glück,
Das mich umschimmert, da ich bei Euch stehe
Und den ersehnten, größten Augenblick
Verwirklicht und verschönert vor mir sehe.
O Adam, Vater, — wie es überquillt,
Mein volles Herz, und nicht das Wort ver-
                                     verschließet,
Das Eu're Träume sanft verwehrend stillt
Und neuen Frieden auf die Welt ergießet!
Adam (stellt das Kind plötzlich auf den Boden).
     Du fand'st die Lösung?!

Kain. An des Abels Mal,
Das dorten blinket, will ich Räthsel deuten,
Die Euch belasten mit der stummen Qual
Der unerforschten dunklen Wirklichkeiten. —
(Er zieht Adam nach rechts, sich noch einigemale glücklich
lächelnd nach den Frauen umwendend, fort. — Beide
gehen ab.)
Jethro (zu Erda, sie umschlungen haltend).
Du dauerst mich mit der belad'nen Seele,
Doch löst mein Fühlen sich in Liebe auf;
Ein bitt'res Wort verzagt in meiner Kehle
Und nur den Thränen geb' ich freien Lauf.
Erda. Wie anders, — Mutter, — findest Du mich
wieder!
Ich trage Großes, weil ich Großes that;
Kein Lasten drückt mich in die Kniee nieder;
Sie schoß nur auf, so wie sie fiel, die Saat.
(Zu Eva.)
Dem Menschen blicket menschlich schon entgegen
Und milder Eva, — meine Mutter weint, —
(Zu Gea.)
Nur meine Schwester seh' ich stumm sich regen
Wie eine Wolke, die kein Licht bescheint.
Gea. Du hast der Schwester muth'ges Herz zertreten,
Ein zweifach' Thun erhebt sich gegen Dich;
Das kannst Du nicht zu Ruh' und Schweigen
beten,
Das lodert ewig, — fluchend Dir —, um mich
(Wild auflachend.)
Beschau' uns doch! — Sieh' die verdorrten
Leiber,
Die mir nun gleichen, die ich siegend stand
Auf der Vollendung aller Erdenweiber,
Die ich des Lohnes höchste Blüthe wand!

Zerriss'ne Kränze hab' ich zu vergeben,
Da Du der Blüthen allerschönste nahmst
Und wie im Spiel mit Deinem Kinderleben
In meine Pfade jäh geschritten kamst!
Erda (Gea voll in's Gesicht sehend).
Viel mächt'ger war, was in mir trieb und lebte
Als ich, — und sieh': ich folgte dem, was trieb.
Gea. Dem Himmel graute und die Erde bebte
Vor Deiner That — und Du, — Du hast sie
lieb!
(Näher an sie herantretend.)
Du sahst das Drohen nicht von Geisterhänden
Die aus dem Grab Dein Liebesfrevel zwang,
Der sich vermaß, den todten Leib zu schänden?
Die Hände waren's, die der Todte rang!
Erda. Wohl sah ich Hände geisterhaft sich regen,
Ersehnte Hände, die nun Fleisch und Blut!
(Sie schlingt des Kindes Hände um ihren Nacken.)
Jethro (zu Erda).
Ich fasse Dich und komme Dir entgegen:
Dein größter Frevel ward Dein größtes Gut.
(Sie drückt Erda und das Kind an sich.)
Erda (in der Umschlingung verharrend).
Du sprichst es aus was mir im Innern tönet;
Doch 's ist ein Räthsel, das nach Deutung irrt,
Nach Deutung doch, die das, was wahr, ver=
schönet
Und ungeboren noch im Dunkel schwirrt.
(Zu Eva.)
Wozu sich mühen aber, sie zu haschen,
Da das, was ist, uns unerforschet frommt
Und aus dem Blut, das mich durchströmt, dem
raschen,
Das hohe Fühlen der Befried'gung kommt?

Dem Leben werft Euch muthig an die Brüste;
Ihr folgt nur dem, was Euch zum Leben drängt,
Anstatt zu zaudern an des Lebens Rüste,
Die Ihr an Bitt'res wild verzweifelnd hängt.

Eva (erhebt abwehrend ihre Rechte).

Nicht heut', nicht morgen wird der Streit ent-
schieden,
Es harrt die Schlichtung einer spät'ren Zeit;
Das lang Bewährte bringet erst den Frieden
Und kann bestehen in der Wirklichkeit. —
Nur was ich sehe kann ich voll begreifen,
Die Form ist Alles, — die Gefühle — nichts;
Sie sind wie Vögel, die die Luft durchschweifen,
Sehnsücht'gen Flug's, — beraubten Augenlicht's.
Sie fußen nicht, da sie kein Land erschauen,
Das Ruhe gäb' dem ruhbedürft'gen Fuß,
Schon rüstet gähnend sich des Meeres Grauen
Tief unter ihnen zum Willkommengruß.
Nur fels'ge Klippen, die dem Meer entragen
Als Abbild eines ew'gen, wahren Seins,
Vermag das trügerische Wellenschlagen
Nicht zu berauben ihres festen Steins.
Auf diesen fußend hat der Flug gewonnen,
Der rastlos irrte, was zum Leben noth,
Und lichtberaubet fühlt er doch die Sonnen,
Die stärker strahlen, da besiegt der Tod.

(Auf Gea weisend.)

Wir fliegen einsam, suchend, in der Weite,
Du fliehst vor uns und lockest uns zu Dir,
Ein rettend' Raunen gibt Dir das Geleite,
Doch bist Du blind, — auch Du, — so blind
wie wir!
Wirst Du die Klippen, die Du suchst, erreichen,
Ist er die Rettung, der uns treibt, der Wind?

Wem wird zuerst das Lebenslicht erbleichen?
Wer kann es wissen, — Alle sind wir blind!
(Nach einer Pause.)
Ihr Wand'rer habt ein neues Wort gebracht,
Ich ahn' es wohl, — und will mich dran er=
freuen,
Wenn es bestimmt ist, nach der langen Nacht
Den Morgen, der einst strahlte, zu erneuen.
Doch mög' dies Wort erst feste Form gewinnen,
Bevor ich's leg' an die entwöhnte Brust:
Die Form erzeug' Dein weiteres Beginnen
Und Kains gefest'gte, neue Lebenslust.
Noch irret Ihr, wie wir im Dunkel irren,
Noch strahlt kein Licht, das uns'rer Augen werth,
Noch will die Welt sich nicht vor uns entwirren,
Und nicht zu ahnen ist's, ob sie's begehrt.

(Kain erscheint mit Adam im Hintergrunde rechts.)

Doch nicht zu eng, sich Neuem zu bequemen,
Ist meines Herzens streng verschloss'nes Haus;
Es war gewohnt einst, Schönes aufzunehmen,
Und blickt nach ihm noch immer sehnend aus.

Gea. Das meine nicht!

(Sie wendet sich kurz ab und geht in die Hütte.
Erda macht eine Bewegung, als ob sie ihr folgen
wollte, doch Eva hält sie zurück.)

Eva (zu Erda, dabei auf Kain weisend).
Dein Platz ist bei dem Gatten
Der wandermüde dorten wartend steht.
Die Schwester lasse ruh'n in ihrem Schatten,
In dem Dein Leuchten doch nur bang vergeht.

(Sie winkt Jethro und geht mit dieser langsam in
die Hütte zurück.)

Kain (blickt den Frauen nach).
  Verschließt Euch nur! — Ihr seid doch gute
      Erde,
  In die zu sä'n mein Pflug sich mächtig sehnt,
  Und 's ist gesorgt, daß nichts vergessen werde,
  Was diese Brust im Ueberflusse dehnt.
      (Zu Erba, indem er nach rechts weist.)
  Nun hin zur Ruhe! — Sieh', die alte Hütte,
  Die mich umhegte, nimmt mich wieder an
  Und wird sich freu'n, in ihrer stillen Mitte
  Dich zu umfrieden mit dem lieben Mann.
    (Er nimmt den Knaben vom Boden auf und in seine
      Arme.)
  Leb', Vater, wohl; — uns trennen wen'ge
      Stunden
  Vom Wiedersehen — — und ich harrte lang!
  Ihr sollt mich schläfern, da ich euch gefunden,
  Befriedend ein mit eu'rem Heimatsklang!
(Er geht langsam mit Erba und dem Kinde nach rechts
ab. Das Kind grüßt noch mit den Händchen nach
Adam. Dieser schaut den Verschwundenen lange nach.
Unterdessen ist die Sonne untergegangen. Das letzte
Abendroth mischt sich mit der nahenden Dämmerung.
Leichte Wolken, die später dichter werden, steigen am
      Horizonte auf.)
Adam (nach einer Pause. — Seine Züge sind ver-
  düstert).
  Wie aufgewühlt hat doch sein helles Dröhnen,
  Das von ihm schallte, mein verängstigt' Herz,
  Wie Jubel klang's — und dann wie wildes Stöhnen
  In meinen argen, nicht erkannten Schmerz.
  Das Echo rief, was er gerufen, wieder,
  Entfesselt ließ er Flammen vor mir glüh'n,

Doch meine Kälte schlug die heißen nieder
Und mein Verstummen hieß das Echo flieh'n.
(Er lacht bitter auf.)
Vererbte Schuld?! — O, Wort für blinde Kinder,
Die seufzend halten was ja doch entflieht,
Ob heut', — ob morgen, — dennoch nicht gelinder
Mit seinem Trost in blaue Fernen zieht!
Gespinnst, gewoben aus den letzten Fäden,
Die himmelkletternd ruh'n noch in der Brust,
Und die ein Mund mit schreckgeahnten Reden
Und zitternd knüpfte an vergeh'nde Lust!
Vererbte Schuld?! — Da steh' ich, ihr Erzeuger! —
Mein Blut entströmt in Unaufhaltsamkeit
Und stumm erweckt's als furchtbar finst'rer Schweiger
Die, die das Leben wirft in seinen Streit.
Was kommt, bin ich, — ich hab' das Blut gegossen,
Das wecken wird dich, ärmliches Geschlecht,
Und aus den Tropfen, die aus mir geflossen,
Entsteht für mich der Schuld verfluchtes Recht.
(Er blickt nach oben.)
Und Ihr, — Ihr ahnt's und laßt es still geschehen,
Anstatt zu sengen die sich mehr'nde Welt?!
Ihr laßt ein Leben aus dem ander'n gehen! —
Wo ist der Mächt'ge, der Euch sicher fällt?! —
(Geheimnisvoll mit sich redend.)
Ich kenne einen; wenn er naht, verschwindet,
Vereiset Alles — und ich möcht's mit Euch,
Wenn mir der Ferne Eu'ren Sturz verkündet
Und neu bevölkert Euer mächt'ges Reich!

(Er schaudert plötzlich zusammen.)
Ich fühl' ihn nahen; — die Gedanken stieben
Vor seinen Schritten in die Ferne hin;
Es schwand der Geist, — der Körper ist ge=
  blieben,
Nun komm doch, komm doch und besitze ihn!
(Er schaut, fortwährend bebend, in die Ferne. —
Da erscheint in der Ferne, so wie am Ende der
I. Scene der I. Abtheilung, der Wanderer, langsam
schreitend. Er verschwindet und wird wieder sichtbar.
— Adam folgt ihm mit den Augen. Endlich naht
der Wanderer aus dem Hintergrunde und tritt vor
  Adam. Er ist unverändert.)
Der Wanderer. Du rief'st mich her?
Adam (bebend).
  Wie jung bist Du geblieben!
Der Wanderer. Kein Ort mich ändert, Jahre nicht,
  noch Zeit,
Verzweiflung nicht und nicht ein brünstig' Lieben
Und keine Stunde der Unendlichkeit.
Adam. Dann bist Du selbst unendlich im Vergehen,
Bist denen gleich, für die der Himmel blaut?
Der Wanderer. Ich bin wie Du, nur mußt Du mich
  verstehen,
Und Du bist ich; — wir sind uns lang ver=
  traut.
Adam. Doch bebt mein Herz in Deiner finst'ren
  Nähe.
Der Wanderer. Es bebte nicht, da es 'gen Himmel
  schrie?
Adam (schnell). Du kämpfst mit mir?!
Der Wanderer.
  Kein Kampf ist's, was ich sehe.
Ich bin der Sieg. — Zu kämpfen hab' ich nie.

Adam. Du bleibst bei mir?
Der Wanderer (bewegt bejahend das Haupt).
Adam (wild).
          Dann schmett're sie hernieder,
     Die, die da ragen in der Wolkenpracht!
Der Wanderer. Damit Du Neue höbst zur Höhe
               wieder,
     Die Dich beängst'gen mit der alten Macht?
     Die, die Du meinest, sind durch nichts zu greifen,
     Sie sind in Dir, wie sie das Herz Dir flicht;
     Sie sind ein Zweig, durch den die Winde pfeifen
     Und der sich biegt und der zusammenbricht.
     Kein Raum für sie, als nur des Mundes Wehen,
     Kein Reich für sie, als nur das bange Herz,
     Kein Thron für sie, als nur der Zunge Flehen,
     Kein Leid für sie, als nur der Seele Schmerz.
Adam (aufschreiend).
     Sie leben nicht?!
Der Wanderer (mit einer mächtigen Handbewegung
         durch die Luft schneidend).
               Und haben nie gedauert! —
Adam. O Grau'n der Wahrheit, das mich bang
                durchzieht,
     Und näher mir die blinde Leere schauert,
     Die aus dem Nichts in meinen Busen flieht!
(Es ist unterdessen Nacht geworden. Der Himmel hat sich immer mehr verfinstert, der unsichtbare Mond gibt den dunklen Wolken einen lichten Untergrund. Von rechts tönt aus der Ferne gedämpft des Kindes Stimme, die mit einer süßen, monotonen Melodie
               singt.)
Die Kindesstimme.
     Euch, Ihr Hohen, zu gefallen,
     Heb' ich fromm die schwachen Hände;

Gebt dem Tag ein gnädig' Ende
Und ein sel'ges Nachtdurchwallen!

Schließ' ich meine müden Lider,
Geb' ich mich verhängtem Lose
Und in Eu'rem Elternschoße
Ruhe ich und träum' ich wieder.

Dankend ruf' ich Euch entgegen,
Ob Ihr segnet, ob Ihr grollet,
Meine Losung: Wie Ihr wollet!
Was Ihr thut, das ist der Segen!
Der Wanderer (ist auf eine Felsenstufe gestiegen und
deutet nach Kains Hütte).
Da fanden Heimat sie an neuem Ort,
Es flackert neu die schon erlosch'ne Flamme;
Sie werden weiter leben immerfort,
Indeß' sie sterben mit dem alten Stamme.
Vom Geist begraben, vom Gefühl ersehnt,
Ist süße Täuschung ihr allmächt'ger Streiter:
Wo an den Herzschlag der Betrug sich lehnt,
Ist der Verstand ein müßiger Begleiter.
(Zu der Hütte rufend.)
Ihr werdet die Gewalten formen, messen
Nach Eu'rem Maß und Eu'rem Trostbedarf
Und der gewalt'gen wahren Kraft vergessen,
Die aus dem Schatten Euch in's Leben warf!
Im Wahn der Beff'rung müßt Ihr tiefer fallen,
Ihr sühnt und büßt was Keiner Euch verzeiht,
Da Keiner hört auf Eu'rer Stimmen Lallen, —
Und eng gefesselt wähnt Ihr Euch befreit!
Adam (ruft ihm verzweifelt zu).
Doch etwas lebt?!
Der Wanderer.   Du, — ich, — die Deinen
Und was gebärend Euch das Leben gab,

Die ew'gen Lichter, die die Welt bescheinen,
Und ewig gähnend das gewisse Grab. —

Adam (sinkt auf die Felsenbank zu des Wanderers
Füßen).

Der Wanderer.
Noch Eines lebt; doch ist es nicht zu fassen,
Ein Wesenloses, das die Nacht durchschwebt,
Vor dessen Tag die Sterne jäh erblassen,
Das neues Leben aus dem Grabe gräbt.
Es schwindet nicht und ist auch nie gewesen,
Es wohnet nicht und ist doch immer da,
Für Keines Aug' ist seine Schrift zu lesen
Und unbegreifbar ist es immer nah.

Adam (richtet sich halb auf).
Du greifst es nicht?! — Da klirren Dir die
Steine,
An denen stockt Dein unerhörter Flug!

Der Wanderer.
Nicht zu erforschen ist das Ewig — eine,
Doch flieg' ich höher, — hoch für Dich genug!
Ich fliege hoch in ferne Weltenweiten,
Die schlafend dämmern noch in ew'ger Ruh,
Ich fliege hoch in späte Enkelzeiten
Und fliege weiter, — fliege immer zu — —

Adam (wie aus einer Betäubung erwachend).
Geborensein, — o ew'ger Kelch der Leiden!

Der Wanderer.
Geborensein, — o Quell von kurzem Glück,
O Lebensjubel reiner Erdenfreuden! —
Kannst Du's nicht fassen, — gib den Kelch
zurück.

(Nach einer Pause.)
— Nun rage ich am Ende alles Lebens
Und schau' zurück auf das, was rein und klar,

Das End' zu schauen schaue ich vergebens,
Doch schau' ich Alles was da starb und war.

(Ein heftiger Wind hat sich erhoben, der bald zu einem Sturme anwächst. Der Sturm saust und pfeift vorbei; am Himmel jagen dunkle, große, phantastisch geformte Wolken vorüber. Der Wanderer schaut zu ihnen hinauf.)

Der Wanderer.

Horch, welch' ein Klagen! — Wie erschütternd ruft
Der bange Wind um Felsen und um Klippen,
Es klingt wie Stöhnen aus geborst'ner Gruft,
Es kreist umher und rüttelt an den Rippen;
Es wirbelt, brandet, — flüstert dann und singt,
Dort strebt es aufwärts wie gigant'sche Schatten,
Dort seh' ich Einen, der die Hände ringt,
Da sinkt ein And'rer, trauernd im Ermatten,
Hier glüh'nde Augen, — da ein fahl' Gesicht
Und dort des Busens angstverstörtes Wogen,
So kommt's gespenstergleich herangezogen,
So flattert's, bis im Siege strahlt das Licht. —
Was ist's? — Woher? — Ich kann es nicht erkennen,
Doch ist's kein Bildnis kranker Phantasie;
Ich kann's nur nicht beim rechten Namen nennen
Und möcht's vergessen, — doch ich kann es nie!

(Neue Wolken ziehen vorüber, eine riesengroße im Nebel fortziehend.)

— — — Da fällt mein Blick auf schwimmende Gefilde:
Aus Nebelschwaden raget ein Granit,
Vergrämt, verwettert, einsam; — ein Gebilde,
Das in der Urzeit durch die Zeiten schritt.

Ihn mißt mein Aug' mit einer stummen Frage:
Woher das Lärmen in der bangen Nacht?
Du alter Stein, Du, älter, als die Sage,
Der in der Urzeit ragend schon gewacht!
Kennst Du das Tönen derer, die da kreisten
Im Wehgesange, da das All gebar
Die Welten, die verglühten und vereisten,
Kennst Du die Namen dieser wilden Schaar?!
  (Der Sturm heult auf.)
— — — In Donnern kommt die Antwort mir
 zurücke:
Ein gährend' Keimen war es, da ich schlief
Noch ungeboren, losgelöst vom Stücke,
Bis daß die Kraft zum Dasein mich berief.
Im Kreise drehte sich der bunte Reigen,
Es gährte, — wuchs, das Neue nahm es auf,
Was anfangs dalag in des Todes Schweigen,
Das klang harmonisch mit im schnellen Lauf.
In uns'rer Mitte sauste durch die Leere
Der Zeit gewalt'ges, unsichtbares Rad:
Uns heftete geheimnisvolle Schwere
An die Geschicke dieser Zufallssaat.
So schwoll es weiter zu Unendlichkeiten,
Bis daß begabt wir mit der eig'nen Kraft,
Im Innern tief des Lebens heil'gen Saft,
Die hohe Mutter lösten vom Begleiten. —
Da sprühte auf in uns'rer Trennungsstunde
Ein glühend' Leuchten und ein erster Schein,
Und es ergoß in die geborst'ne Wunde
Des wachen Lebens Feuerquell sich ein.
Das zitterte, erbebte, klang, versprühte
In wildem Jauchzen durch die freie Bahn,
Das flammte auf und flackerte, — verglühte,
Es war die Stunde, da die Welt begann.

»Die Erbsünde.«

Wohl ging ein Toben damals in den Lüften,
Doch war's ein wilder Jubelfreiheitsschrei,
Nicht klang's wie Geisterklage über Grüften,
Nicht matten Säuselns zog es da vorbei;
Nein, — denn im Siegesrauschen von Gewittern,
Noch hangend am Gewand der Mutter Urd,
Begrüßten wir mit Donnern und mit Zittern
Die stolze Stunde unserer Geburt! —

(In der Ferne wird das Licht des unsichtbaren Mondes
heller.)

Nach Osten schau' ich. — Dorten senket leis
In's lausch'ge Dickicht sich die Nacht hernieder;
Von Blumen glänzt es hell und silberweiß,
Ein Leuchten strahlet, — schwindet, — kommet
wieder.
Von heil'gem Wasser ein verborgen Band,
Sich leise schlängelt durch der Blätter Neigen,
Die zitternd sich im Spiegel wiederzeigen;
Dort ist es, wo der Menschen Wiege stand. —
Geheimnisvoll ein Schleier liegt gespreitet
Ob jener Stätte, die der Weisheit voll,
Allwo der gelbe Strahl des Mondes leitet
Den Zug der Seele, die zum Himmel schwoll;
Wo im Vergessen aller Erdengüter
Der Mensch dem Tode fest in's Auge blickt
Und, unbekümmert um den Pfortenhüter,
Die Hülle von sich wirft und nicht erschrickt.
Denn das Geheimnis seines irb'schen Lebens
Erneuert sich in jeglicher Gestalt,
Verrauscht an einer Grenze nicht vergebens;
Bald steigt's empor mit siegender Gewalt,
Die Lüfte pflügt es und die Meereswelle,
Wenn nicht des Lebens übeltrunk'ner Sturm

Verdammte ihn, als thatenloser Wurm
Zu kriechen und zu haften an der Stelle —
Geheimnißvoll, — ein grauses, — dunkles Los,
Doch auch erhebend für den Ueberwinder. —
Klagt, Schatten ihr, darum im nächt'gen Schoß,
Beklagt ihr euch, — bejammert eu're Kinder?!

— — —

Doch siehe, — sich'! — Da steigt es mir empor
Grausamer noch aus der Gedanken Tiefen:
Entsetzlich Wahres quillt und schwillt hervor
Aus dunklen Räthseln, die im Abgrund schliefen:
O Wiegenland, — behutsam decktest Du
Mit mildem Lächeln über Menschenseelen
Die off'ne Wunde alles Lebens zu;
Die schwachen Herzen wolltest Du nicht quälen,
Die starken nicht, wenn sie die That begonnen,
Durch ein gedonnert' übermenschlich Halt
Aus hohem Streben, allen ird'schen Wonnen,
Hinschleudern in des Muthes Ungewalt.
Symbolisch zeigtest Du die Neugestaltung
Des welken Lebens — und dem schwanken Bau,
Der jäh zusammenbricht, gabst Du Entfaltung,
Ein Hoffnungsflimmern auf der Wahrheit Grau.

— — —

Zur Erde kehrt zurücke was von ihr;
Ein altes Wort, das an der Silbe hanget;
Der starke Leib, der in der Schönheit pranget,
Der stolze Geist, der weh'n ließ sein Panier:
Vermodern und verwittern ist ihr Los,
Sie alle sind dem Erdenstaub verfallen,
Und im gebärenden, gewalt'gen Schoß
Beginnt der Zerstörung leises Lallen.
Der morsche Knochen gibt den Samen wieder,
Den er aus tausend Leben zu sich nahm,

Und die gelösten und entfleischten Glieder
Vergeh'n in dem, was aus der Tiefe kam.
Und tief im Innern des zerstörten Lebens
Begründet neu die allgewalt'ge Kraft,
Die aus dem Nichts ein neues Keimen schafft,
Die Wurzelfaser eines neuen Strebens.
Durch eines Schädels leere Augenhöhlen
Sich windet leis' im ersten Hoffnungsgrün,
Um mit der blauen Luft sich zu vermählen,
Der Blumen und der Gräser buntes Blüh'n.
Was Menschenhände in die Erde senkten
Mit einer heißen Thräne im Gesicht,
Sie pflücken's wieder von der blutgetränkten;
Doch ein Erinnern dämmert ihnen nicht. —
(Neue, seltsam gestaltete Wolken ziehen vorüber.)
Ach, darum, darum also?! — Wehe Euch,
Die Ihr gelebt in hoffenden Gedanken! —
Die stolzen Bilder Eu'res Traumes sanken,
Der mütterlichen Erde seid Ihr gleich.
Du schwangst das Scepter in erhob'ner Hand,
Du hast den Stab der Feldherrn Dir errungen,
Dein war die Kraft, die Göttliches erfand,
Du hast mit Deinem Geist das All' bezwungen,
Mit jenem Geist, der über alle thronte,
Da er gelebt im pulsenreichen Hirn,
Da hinter Deiner hochgewölbten Stirn
Noch nicht das Toben der Zerstörung wohnte!
In allem Hohen, dessen Ihr beflissen,
Saht Ihr das Abbild der Unsterblichkeit;
Nun ist der Schleier jählings Euch zerrissen,
Nun seid Ihr Staub für alle Ewigkeit! —
Sich nicht zu fühlen als sein eigen' Ich,
Sich nicht mehr sagen können: ich, — ich lebe,
Ich wirke, schaffe, bin und war und webe,
Sich zu vergessen, — grausam fürchterlich!

Wie häufet Ihr, um dieses Schreckensziel
Einst zu erreichen, Blut in Eu'ren Spuren,
Nach Eu'ren Tritten dorrten rings die Fluren,
Es riß die Zeit Euch fort in ihrem Spiel. —
Was Ihr geschaffen steht in eh'rnen Stäben,
Und Euch zu Häupten eine Wage zieht,
Und mitten unter Euer Seufzen, Beben,
Die Weltgeschichte singt ihr Klagelied.

— — — —

Es ist kein Trost! — Ergreife stumm die Hand
Des Todes, warmer Körper, in der Stunde
Und löse Dich vom heißgeliebten Band,
Der Schrei der Trennung stürz' aus Deinem Munde,
Wenn Du es fühlest, daß Dein heil'ges Ich
In einen ander'n Körper überdämmert
Und Dir der Puls in allen Adern hämmert, —
Dann, warmer Körper, — dann bescheide Dich.
Es ist kein Trost. — Wenn auch die ew'ge Kraft,
Sich neu gestaltend aus dem eig'nen Wesen,
Das Alte stürzt und neue Welten schafft:
So ist das Neue doch schon alt gewesen. —
Gebärend bist Du, lebensspendend auch,
Doch zu Dir bringet nie ein menschlich Rufen.
Die Welt, das Leben, ist Dir nur ein Hauch,
Zu Deinem Throne führen keine Stufen!

— — — —

(Die Wolken jagen fort und immer fort. — Das
Haupt Adam's ist tief auf seine Brust gesunken, er sitzt
bewegungslos da.

Mit hoch erhobenen Armen steht der Wanderer ober
ihm auf dem Felsen; seine Silhouette hebt sich scharf
gegen den nächtigen Himmel ab, während sonst Alles
in dunkle Nacht getaucht ist.)

Ende.